U0910062

2023
检察这一年

最高人民检察院办公厅 编

中国检察出版社

图书在版编目（CIP）数据

2023 检察这一年 / 最高人民检察院办公厅编 . -- 北京 : 中国检察出版社 , 2024.1

ISBN 978-7-5102-3043-1

Ⅰ . ① 2… Ⅱ . ①最… Ⅲ . ①检察机关—工作—中国—2023 Ⅳ . ① D926.3

中国国家版本馆 CIP 数据核字 (2023) 第 257007 号

2023 检察这一年

最高人民检察院办公厅　编

特约编辑：韩啸　田骁　崔捷

责任编辑：钟　鉴

技术编辑：王英英

设计排版：方圆杂志社

出版发行：中国检察出版社

社　　址：北京市石景山区香山南路 109 号（100144）

网　　址：中国检察出版社（www. zgjccbs. com）

编辑电话：（010）86423716

发行电话：（010）86423726　86423727　86423728

（010）86423730　86423732

经　　销：新华书店

印　　刷：北京联合互通彩色印刷有限公司

开　　本：710 mm × 960 mm　16 开

印　　张：14.25

字　　数：156 千字

版　　次：2024 年 1 月第一版　　2024 年 3 月第四次印刷

书　　号：ISBN 978-7-5102-3043-1

定　　价：48.00 元

序言

2023年是贯彻落实党的二十大精神开局之年。最高人民检察院领导地方各级人民检察院和专门人民检察院，坚持以习近平新时代中国特色社会主义思想为指导，全面贯彻党的二十大精神，认真落实《中共中央关于加强新时代检察机关法律监督工作的意见》，以主题教育为契机，聚焦法律监督，坚持守正创新、巩固深化、完善提升，自觉为大局服务、为人民司法、为法治担当，持续推动习近平法治思想的检察实践，努力以检察工作现代化服务中国式现代化。

为便于人大代表、政协委员和人民群众更好了解监督检察工作，我们编写了《2023 检察这一年》一书，以提纲挈领、点面结合、图文并茂的形式，对一年来的重点检察工作进行了汇报。

不当之处，敬请批评指正！

最高人民检察院办公厅

2023年12月

目录

序 篇

人民检察院是干啥的？……2
人民检察史上“三个第一次”……4
以检察工作现代化服务中国式现代化……5
“四大检察”……8
刑事检察：惩治犯罪、保障人权……9
民事检察：维护民事审判的公平公正……11
行政检察：维护司法公正、促进依法行政……12
公益诉讼检察：当好国家和社会公共利益的代表……14

第一章·为大局服务

全面准确落实宽严相济刑事政策……18
核准追诉：法网恢恢，疏而不漏……20
依法适用认罪认罚从宽制度……22

协同推进反腐败斗争……24
坚决惩治“按键伤人”……26
依法从重打击电诈……28
推动民营经济发展壮大检察意见……30
帮民营企业挖“蛀虫”……33
企业法律风险检察提示……35
涉案企业合规改革……37
依法惩治金融犯罪……40
从严打击证券犯罪……42
知识产权检察综合履职“说明书”……44
促进寄递更平安……47
长江船舶污染治理检察专案……50
首届服务保障黄河国家战略检察论坛……52
协同整治盗采海砂……53
法治守护“耕地红线”……55
文物和文化遗产检察保护……57
检察建议抓前端治未病……60
检察外事服务大国外交……62

第二章·为人民司法

食药安全，容不得半点马虎！……66
群众信访件件有回复……69
做实做优检察听证……71
“小专项”护航“大民生”……74
法治呵护“半边天”……75
支持起诉！为“他们”撑腰……77
守护安全生产“生命线”……79
“检察蓝”服务“国防绿”……81
为侨服务……84
有爱·无碍……87
小说明书的大变化……90
整治“医美刺客”……92
促推“六大保护”协同发力……94
对侵害未成年人犯罪“零容忍”……99
未成年人的特别程序……101

第三章·为法治担当

构建以证据为中心的刑事指控体系……106
深化侦查监督与协作配合机制……108

有案不立怎么办？立案监督！……111
追捕！追诉！……112
提升刑事审判监督的精准度……114
维护“大墙内的公平正义”……116
社区矫正法律监督……119
民事抗诉……122
“假官司”，依法严惩！……124
行政抗诉……126
行政争议实质性化解……128
行政执法与刑事司法双向衔接……130
积极探索行政违法行为检察监督……134
检察公益诉讼制度是习近平法治思想在公益保护领域的原创性成果……136
以“诉”的确认体现司法价值引领……139
公益诉讼法定领域“4+10”……141
检察公益诉讼专门立法……143
检察侦查重在加大力度、务必搞准……145

第四章·建设过硬队伍

以主题教育为契机加强政治建设……150
让求真务实、担当实干成为新时代新征程检察人员的鲜明履职特征……152

行政机关专业人员兼任检察官助理……………………153
深化检察对口援助……………………………………154
检察机关的“华山论剑”……………………………156
全国检察业务专家……………………………………161
检察实务专家进校园…………………………………162
榜样的力量……………………………………………163
政治与业务融为一体的检察教育培训………………167
跨越山河的巡讲支教…………………………………169
“基层”与“最高”双向奔赴………………………171
新一届最高检党组首轮巡视…………………………172
铁规禁令越往后越严…………………………………173

第五章·深化司法改革

检察改革“施工图”…………………………………176
给检察权运行“加把锁”……………………………179
统一调用辖区检察人员办案…………………………180
不能让检察官被数据所困、被考核所累……………181
检察机关法律监督与党委政法委执法监督衔接……182
“两高”会商与院部会商……………………………183
检察长列席审委会会议………………………………185

数字检察战略……187
法律监督模型……189
检察技术助力检察工作现代化……191

第六章·自觉接受监督

生态环境和资源保护检察工作专项报告……194
办理建议提案……196
“沉浸式”代表视察……201
检察开放日……205
特约监督员……209
特约检察员……210
人民监督员……212

序篇

01 人民检察院是干啥的？

中华人民共和国人民检察院是国家的法律监督机关。

——《中华人民共和国宪法》第一百三十四条

人民检察院通过行使检察权，追诉犯罪，维护国家安全和社会秩序，维护个人和组织的合法权益，维护国家利益和社会公共利益，保障法律正确实施，维护社会公平正义，维护国家法制统一、尊严和权威，保障中国特色社会主义建设的顺利进行。

——《中华人民共和国人民检察院组织法》第二条第二款

检察机关职能

- 依照法律规定对有关刑事案件行使侦查权
- 依法对刑事案件进行审查，批准或者决定是否逮捕犯罪嫌疑人
- 依法对刑事案件进行审查，决定是否提起公诉，对决定提起公诉的案件支持公诉
- 依照法律规定提起公益诉讼
- 依法对刑事、民事、行政等诉讼活动实行法律监督
- 依法对判决、裁定等生效法律文书的执行工作实行法律监督
- 依法对监狱、看守所的执法活动实行法律监督
- 法律规定的其他职权

法律赋予最高人民检察院的特有职权

人民检察史上“三个第一次”

党的检察事业欣逢最好发展时期。

党中央在党的历史上**第一次**专门印发《中共中央关于加强新时代检察机关法律监督工作的意见》；党的二十大报告在历届党的代表大会报告中**第一次**专章部署“坚持全面依法治国，推进法治中国建设”，**第一次**特别强调“加强检察机关法律监督工作”“完善公益诉讼制度”。

“三个第一次”充分彰显了以习近平同志为核心的党中央对法治建设、检察工作的高度重视和坚强领导，既使全国检察机关广大检察人员深受鼓舞，也赋予新时代新征程检察工作更重政治责任。

延伸 《中共中央关于加强新时代检察机关法律监督工作的意见》关于检察机关的“四个定位”

人民检察院

国家的法律监督机关

保障国家法律统一正确实施的司法机关

保护国家利益和社会公共利益的重要力量

国家监督体系的重要组成部分

以检察工作现代化服务中国式现代化

2023年3月11日，十四届全国人大一次会议在北京人民大会堂举行第四次全体会议。应勇当选为最高人民检察院检察长。

最高人民检察院深刻领会习近平总书记强调的“政贵有恒”，坚持**一张蓝图绘到底**，保持工作的连续性和稳定性，**坚持守正创新、巩固深化、完善提升，更好为大局服务、为人民司法、为法治担当，持续推动习近平法治思想的检察实践。**

新时代新征程，检察机关的中心任务是**以检察工作现代化服务中国式现代化。**

检察工作现代化

以法治之力服务中国式现代化

- 切实维护国家安全和社会稳定，以诉源治理推动更高水平的社会治理
- 依法履行检察职能，以法治力量服务经济社会高质量发展
- 坚持人民至上、检察为民，厚植党执政的政治根基
- 不断更新法律监督理念、完善法律监督机制，以更高质效法律监督维护司法公正
- 持续推动完善公益诉讼制度，当好公共利益的代表

从政治上着眼、从法治上着力

从政治上着眼、从法治上着力，让坚定拥护“两个确立”、坚决做到“两个维护”成为新时代新征程检察机关的鲜明政治底色。

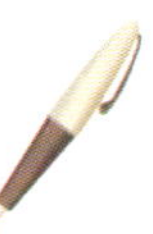

2023年7月，大检察官研讨班在国家检察官学院开班。

2023年7月，大检察官研讨班提出既要从政治上着眼，旗帜鲜明讲政治，坚定拥护“两个确立”、坚决做到“两个维护”；又要从法治上着力，全面履行检察职能，坚定捍卫“两个确立”、忠诚践行“两个维护”。这是新时代新征程检察工作最大的政治、最大的大局、最大的责任。

04 “四大检察”

刑事、民事、行政、公益诉讼“四大检察”是新时代新征程检察机关法律监督的主体框架，也是检察工作进一步创新发展的基本格局。

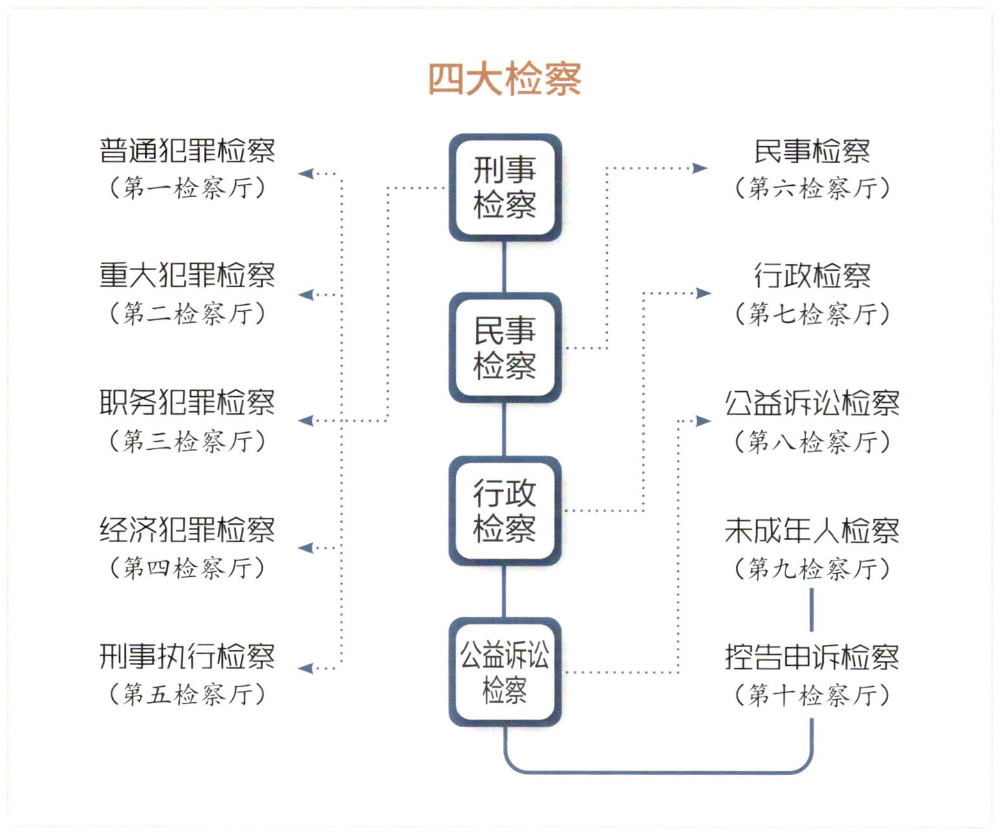

刑事检察：惩治犯罪、保障人权

刑事检察重在聚焦证据收集审查运用，充分发挥审前过滤把关、指控证明犯罪等作用，推动构建以证据为中心的刑事指控体系，推动构建轻罪治理体系，强化刑事诉讼制约监督体系。

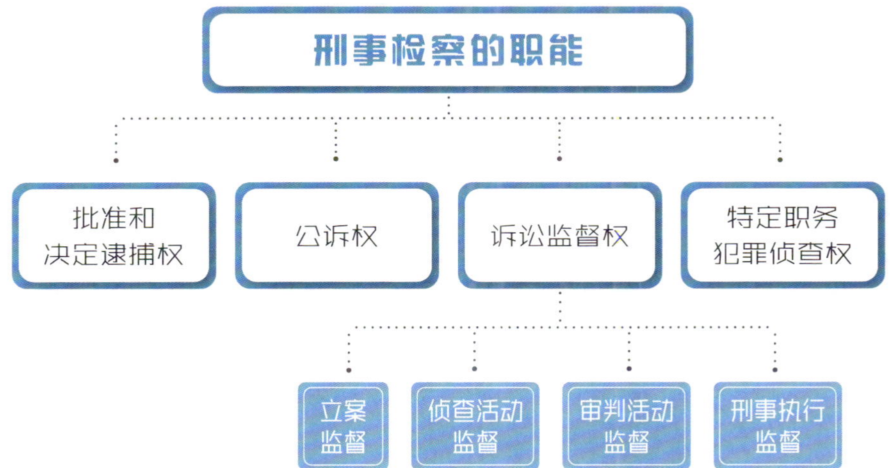

2023年1月至11月，全国检察机关

批准逮捕各类犯罪嫌疑人64.1万余人，

提起公诉149万余人，同比分别上升36.4%和16.8%。

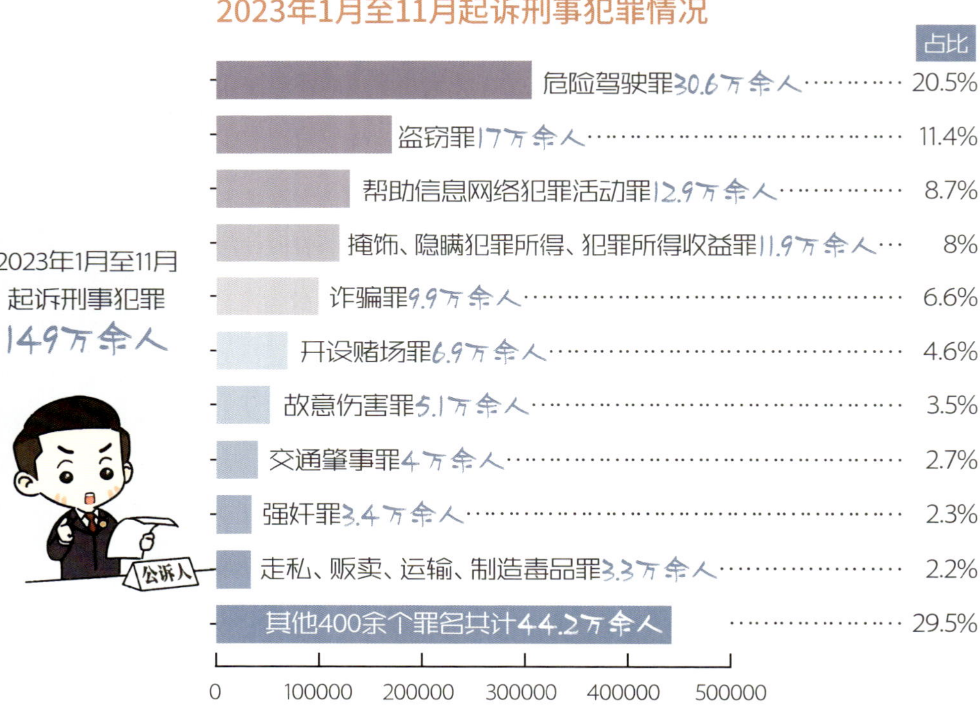

民事检察：维护民事审判的公平公正

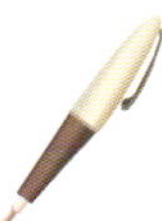

民事检察重在提升自身能力水平，加大监督力度，更加注重监督质与量的统一，实现有效监督。

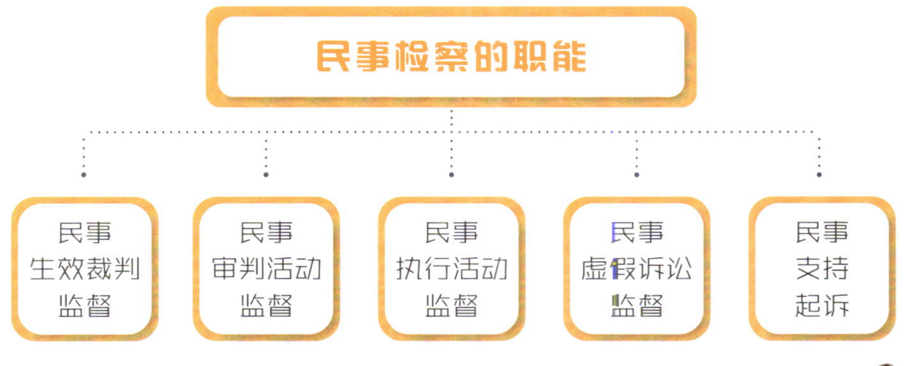

2023年1月至11月，全国检察机关共办结

民事生效裁判监督案件6.6万余件，

提出监督意见1.3万余件，

其中，提出抗诉3100余件，提出再审检察建议9800余件。

抗诉改变率93.5%，再审检察建议采纳率80.6%。对民事审判活动违法行为提出检察建议6.2万余件，法院同期采纳率93.2%。对民事执行活动违法行为提出检察建议6.1万余件，法院同期采纳率94.2%。

07 行政检察：维护司法公正、促进依法行政

行政检察重在强化履职，把行政诉讼监督作为重中之重，积极探索行政违法行为监督，依法规范推进行政争议实质性化解，推动构建检察监督与行政执法衔接制度，实现有力监督。

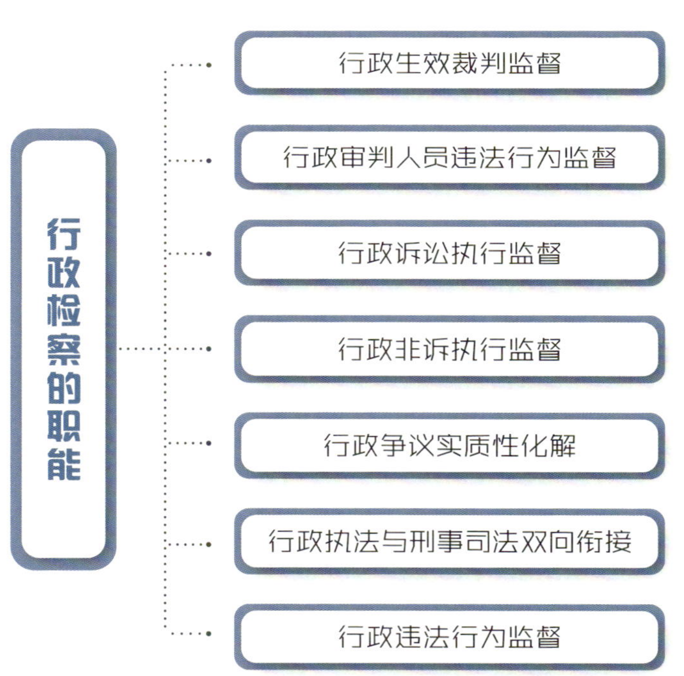

2023年1月至11月，全国检察机关共办结

行政生效裁判监督案件1.8万余件，

其中向法院提出抗诉160余件；

法院再审改变70余件，占审结数的79%。

提出再审检察建议380余件，

法院同期裁定再审280余件，采纳率74.5%。

对行政审判活动违法行为提出检察建议1.2万余件，

法院同期采纳率97.2%。

对行政违法行为提出检察建议5.1万余件。

公益诉讼检察：当好国家和社会公共利益的代表

公益诉讼检察重在突出“精准性”“规范性”，突出抓好法定领域办案工作，多办有影响、效果好的案件，敢于以“诉”的确认体现司法价值引领。

着力提升“精准性”

着力强化“规范性”

结合质量评查反映出来的不规范问题，加大督导力度，继续抓好常态化“回头看”，持续提升办案质效。

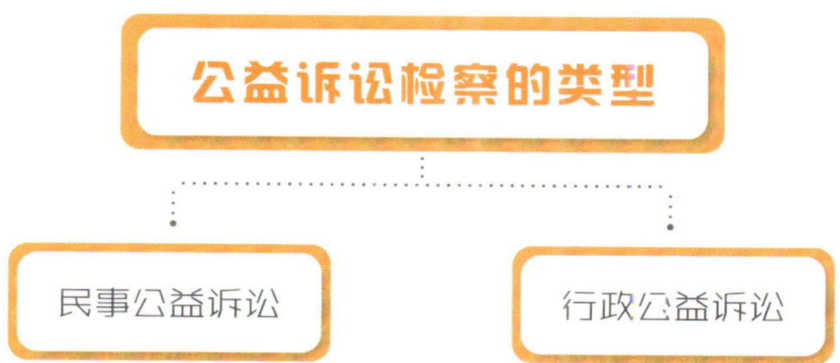

2023年1月至11月，全国检察机关共立案办理

公益诉讼案件17.6万余件，

其中，民事公益诉讼类立案2万余件，

行政公益诉讼类立案15.5万余件。

第一章

——在法治轨道上维护稳定、促进发展、保障善治

全面准确落实宽严相济刑事政策

依法该严则严、当宽则宽、宽严相济、罚当其罪

坚持“严”的一手决不动摇

坚决依法严惩危害国家安全、严重危害社会秩序犯罪，保持“严”的震慑力度，切实增强人民群众安全感。从严惩治故意杀人、抢劫、绑架等严重暴力犯罪，2023年1月至11月，起诉5.4万余人，同比上升8.4%。

常态化推进扫黑除恶斗争。起诉涉黑涉恶犯罪1万余人，其中组织、领导、参加黑社会性质组织犯罪1700余人。

规范“宽”的一面

把“依法少捕慎诉慎押”作为办理轻微刑事案件的具体工作要求，进一步明确其适用范围、标准和程序。发挥好“宽”的教育作用，减少社会对抗、增进社会和谐。

2023年1月至11月，检察机关不捕率为41.8%，不诉率为25.3%。

纪实 以检察担当助力轻罪治理现代化

当前，我国刑事犯罪结构发生重大变化，严重暴力犯罪总体明显减少，判处三年有期徒刑以下刑罚的轻微刑事案件大幅攀升，占较大比例。

近年来，检察机关主动适应犯罪治理新形势，坚持以习近平法治思想为指引，积极发挥检察职能在轻罪治理中的功能作用，在推进轻罪治理实践中积累了一些经验，同时也在不断研究和探索轻罪治理现代化的有效路径。

2023年6月召开的全国检察机关普通犯罪检察工作会议提出“推动构建中国特色轻罪治理体系”，积极适应犯罪结构新变化、犯罪治理新形势，准确把握宽与严的辩证关系，充分考虑具体案件的危害程度和情节轻重，依法做到“宽严有据、宽严有度、宽严相济”。

在轻罪案件占比较大的情况下，繁案精办、简案快办显得尤为重要。锚定“高质效办好每一个案件”的基本价值追求，湖北省武汉市汉阳区检察院将“简”的轻罪且认罪认罚案件，分流办理；对“繁”的侵犯知识产权犯罪等专业性较强的轻罪案件，成立办案小组，在分流基础上，再以类型化办理，做到专业、简快、质效有机统一，以办案模式全流程的集约化，实现对轻罪案件的分轨道处理。

轻伤害案件的发生大多是因为婚姻、家庭、邻里或者偶发矛盾，矛盾积聚到一定程度演化为伤害犯罪。最高人民检察院、公安部联合制定《关于依法妥善办理轻伤害案件的指导意见》，把化解矛盾、修复社会关系作为履职办案的重要任务，通过化解矛盾，促进诉源治理，维护社会稳定。

核准追诉：法网恢恢，疏而不漏

核准追诉，是指法定最高刑为无期徒刑、死刑的犯罪，超过二十年追诉期限后，认为必须追诉的，须报请**最高人民检察院**核准。

2023年1月至11月，最高人民检察院依法核准追诉140余人。

案例 追诉36年前舟山海上特大抢劫杀人案

2023年8月，在浙江省舟山市中级人民法院，“1987·3·20”舟山定海摘箬山特大命案开庭审理。1987年，被告人蒋某某、薛某某为偿还赌债，合谋杀人抢劫渔船财物，残忍杀害王某某等6名被害人，并将尸体沉入海底。35年后，蒋某某、薛某某二人终于被抓获归案。因二人到案时间距案发时间已超过20年，2023年5月，最高人民检察院决定对本案核准追诉。

2023年11月，舟山市中级人民法院作出一审判决，对被告人蒋某某、薛某某均以抢劫罪判处死刑。

讲述　正义终于到来

口述：内蒙古自治区通辽市检察院检察官王月

“杀人偿命，必须追究犯罪人的刑事责任，一定要判处死刑，我们永远无法原谅他们的行为……”在听取被害人亲属张女士的意见时，我能感受到，她那持续20多年的心痛与怒火并没有随着时光流逝而消退。

2019年12月，我拿到了这起超过20年诉讼时效刑事案件的卷宗。卷宗显示，1996年1月，褚某、祝某与被害人金某因琐事发生纠纷，褚某、祝某二人共同杀害了金某一家四口，并抢走1万余元现金，还重伤了金某的两个邻居，二人于当夜潜逃。2019年9月，褚某、祝某在23年后被公安机关抓获。

我拿着厚重发黄的卷宗，内心无比沉重，如何正确理解和适用法律，真正实现案件双方当事人的正义？

经过深入研究、梳理思路，我认为，该案应当报请核准追诉。经过层层报请，此案被最高人民检察院核准追诉，最终被告人褚某、祝某分别被判处死刑。

依法适用认罪认罚从宽制度

刑事诉讼法第十五条规定：

犯罪嫌疑人、被告人自愿如实供述自己的罪行，承认指控的犯罪事实，愿意接受处罚的，可以依法从宽处理。

认罪认罚从宽制度是中国特色社会主义刑事司法制度的重大创新，丰富了刑事司法与犯罪治理的“中国方案”。2023年，认罪认罚从宽制度全面稳定适用，犯罪嫌疑人、被告人认罪服法成为常态，促进社会治理成效明显。

2023年1月至11月，检察机关已办理的审查起诉案件中

适用认罪认罚从宽制度审结人数占同期审结人数的90%以上，量刑建议采纳率97.6%，一审服判率96.9%。

落实这一制度的关键是在依法规范办案、提升质量上狠下功夫，**确保认罪认罚的自愿性、真实性，量刑建议的合法性、恰当性。**

声音 认罪认罚具结现场来了人大代表

“犯罪嫌疑人刘某，今天将通过远程视频讯问程序听取你的意见。为保证认罪认罚的自愿性、真实性、合法性，此次认罪认罚将全程录音录像……”山东省青岛市市北区检察院通过远程视频讯问，对刘某盗窃案的办理适用认罪认罚从宽制度，并邀请青岛市人大代表现场观摩具结过程。

在具结现场，检察官按照规范用语及标准流程，向犯罪嫌疑人告知了认罪认罚从宽制度及其法律后果，全面阐述检察机关认定的犯罪事实、量刑情节及法律依据；值班律师则结合案件证据及量刑标准发表了意见，犯罪嫌疑人对检察机关指控的罪名、量刑建议及适用的法律程序均无异议。最终，在值班律师的见证和人大代表的监督下，犯罪嫌疑人当场签署认罪认罚具结书。

“通过观摩，我对认罪认罚从宽制度有了更深入的了解，切实感受到了这项制度对于化解社会矛盾、维护社会稳定的重要意义。”在旁听评议环节，青岛市人大代表张青给予了充分肯定。

“认罪认罚从宽制度是犯罪嫌疑人权利救济的重要途径，在具结过程中，如何更好体现犯罪嫌疑人悔过的真诚度、自愿度，避免流于形式，还需要检察机关多加思考。”“在认罪认罚具结过程中，检察官要充分向犯罪嫌疑人说明提出量刑建议的依据和计算过程，让犯罪嫌疑人及值班律师都心中有数。”青岛市人大代表丁厚刚、冯恩杰和马岩洁纷纷建言献策。

协同推进反腐败斗争

国家监察体制改革后，由监察机关履行职务违法和职务犯罪调查职能，检察机关依法履行决定拘留、审查逮捕、审查起诉和出庭支持公诉、审判监督等职能。检察机关作为国家反腐败工作的重要力量，坚持宪法、监察法确立的互相配合、互相制约原则，不断加强与监察机关、审判机关的衔接配合，共同提高职务犯罪案件办理质效。

2023年1月至11月，全国检察机关

受理各级监委移送职务犯罪2万余人，已起诉1.5万余人，

同比分别上升9.1%和5.9%。

起诉受贿犯罪7400余人、行贿犯罪2200余人，

同比分别上升16.6%和13.8%。

为深入贯彻党的二十大和二十届中央纪委二次全会关于“坚持受贿行贿一起查”的部署，2023年3月，最高人民检察院联合中央纪委国家监委发布了5起行贿犯罪典型案例。

案例 马某某、徐某某等9人系列行贿案

被告人马某某、徐某某等9人系从事汽车维修、高速公路停车场运营、车辆年审服务等业务的社会人员，曾分别多次请托高速交警刘某，由刘某利用负责查处违法车辆的职务便利，帮助违法人员逃避处罚。为感谢刘某的帮助，9人分别向刘某行贿。

2019年4月至2020年3月，山东省济南市历下区监察委员会陆续将9人以涉嫌行贿罪移送历下区检察院审查起诉。案件提起公诉之后，历下区人民法院全部采纳量刑建议，分别以行贿罪判处9人有期徒刑，分别并处罚金。

此案中，监察机关与检察机关互相配合、互相制约，协同推进交通执法领域反腐败斗争。

一是准确把握案件定性，严厉打击交通执法领域行贿犯罪。监察机关对刘某受贿案立案调查时，就案件定性、取证方向等听取检察机关意见后，对本案9名涉案“黑中介”全部以行贿罪立案调查。监察机关、检察机关加强沟通配合，明确将转账记录、交易凭证及微信聊天记录等电子数据及行贿人供述与辩解、相关司机的证言等作为重点取证内容，为深入调查指明方向。

二是移送洗钱犯罪线索，监督公安机关立案侦查。监察机关履行互涉案件组织协调职责，将调查中发现的洗钱犯罪线索移送公安机关，检察机关监督公安机关对该案立案侦查。

三是强化溯源治理，有针对性地制发检察建议。为从源头上减少该类犯罪，检察机关向高速交警部门制发检察建议书，建议高速交警部门强化廉政教育、完善执法权监督制约机制。高速交警部门立即开展警示教育和自查自纠工作，取得良好效果。

坚决惩治“按键伤人”

2023年4月，最高人民检察院印发《关于加强新时代检察机关网络法治工作的意见》。2023年9月，最高人民检察院联合最高人民法院、公安部发布《关于依法惩治网络暴力违法犯罪的指导意见》，明确针对网络暴力的不同行为方式，分别以诽谤罪、侮辱罪、侵犯公民个人信息罪等定罪处罚。

网络服务提供者对于所发现的网络暴力信息不依法履行信息网络安全管理义务，致使违法信息大量传播或者有其他严重情节，损害社会公共利益的，人民检察院可以依法向人民法院提起公益诉讼。

实施网络暴力违法犯罪，具有以下五种情形之一的，依法**从重处罚**

· 针对未成年人、残疾人实施的；

· 组织“水军”“打手”或者其他人员实施的；

· 编造“涉性”话题侵害他人人格尊严的；

· 利用“深度合成”等生成式人工智能技术发布违法信息的；

· 网络服务提供者发起、组织的。

案例　涉胡鑫宇事件相关网络谣言案

胡鑫宇事件发生后，个别自媒体账号恶意编造“器官移植”“人体实验”“熊猫血”“血衣”“碎骨”等谣言“蹭流量”“带节奏”，并杜撰虚假事实、制作虚假场景、炮制虚假录音、拼接监控视频、仿冒事件当事人。

陈某某从2022年11月开始在其抖音号上发布的关于“胡鑫宇事件”的8个视频，均是其将谣言进行转化并自导自演自拍。8个相关视频总播放量10302875次，评论量13194条。

最高人民检察院将此案列为督办案件，同步阅卷审查，指导江西省检察机关提前介入，依法从快起诉，并及时发布消息，公布相关案情，澄清事实，还原真相。

2023年4月，江西省铅山县检察院以陈某某犯寻衅滋事罪，依法向法院提起公诉。7月，陈某某被判处有期徒刑十个月。

依法从重打击电诈

从重惩治！

检察机关依法严厉打击跨境电信网络诈骗以及由此衍生的拐卖人口、故意伤害、非法拘禁等严重暴力犯罪。

依法严厉打击境内从事“跑分”洗钱、架设GOIP，收集贩卖公民个人信息、组织运送偷越国（边）境的黑产团伙。

坚持打团伙、摧网络、斩链条，深挖严打组织者、领导者及幕后“金主”，切实斩断境外电信网络诈骗犯罪的人员、资金和技术链条。

从严追诉！

务必让犯罪分子受到应有惩处

对境外“回流”人员和境内协同人员——

符合逮捕条件的依法及时批准逮捕，

符合起诉条件的依法从严追诉。

追赃！挽损！

一经查明系犯罪所得及其产生收益的，依法及时查封、扣押、冻结。

对于拒不退赃退赔、有退赔能力但退赔数额明显偏少的，依法从严处罚。

对应当返还被害人的合法财产，权属明确的，依法及时返还；权属不明的，在人民法院判决、裁定生效后，按比例返还被害人。

一个也跑不了！

2023年1月至11月，全国检察机关起诉电信网络诈骗犯罪3.9万余人，同比上升55.1%。起诉帮助信息网络犯罪活动罪12.9万余人，起诉利用网络实施的掩饰、隐瞒犯罪所得、犯罪所得收益罪6.2万余人，起诉侵犯公民个人信息罪7300余人。

案例 “4·01”特大电信网络诈骗案：483人缅北“回流”涉案人员被检察机关公诉

2023年11月，最高人民检察院、公安部联合挂牌督办的四川南充“4·01”特大电信网络诈骗案取得重要进展，检察机关已对483名涉案人员提起公诉。

2021年2月，四川省南充市公安机关根据犯罪嫌疑人的供述和资金流水等情况追根溯源，锁定了缅北诈骗窝点2000多人的身份信息。

2022年1月至2023年3月间，公安机关先后在四川、贵州、云南、浙江等23个省份实施了四轮集中抓捕。在南充市检察院的统筹下，该市各区县检察院提前介入，引导公安机关明确审讯方向，制定证据清单，有效构建刑事证据指控体系，准确适用法律，分类分层惩治犯罪分子。

现已查清“4·01”电信网络诈骗案涉及缅北21个团伙，涉案人员1800余人，公安机关已将1090人抓获归案。检察机关已对483名涉案人员提起公诉，追诉漏犯20人，涉嫌的罪名主要涉及诈骗罪、偷越国（边）境罪。法院已对201名涉案人员作出有罪判决，其余案件仍在审理中。

推动民营经济发展壮大检察意见

2023年10月，最高人民检察院发布《关于全面履行检察职能推动民营经济发展壮大的意见》（下称《意见》）。

《意见》紧紧围绕高质效检察履职办案，提出贯彻落实《中共中央国务院关于促进民营经济发展壮大的意见》的具体措施。

为民营经济发展壮大提供法治保障

- 持续做优刑事检察，依法惩治影响民营经济健康发展的相关犯罪。
- 坚持标本兼治，依法惩治和预防民营企业内部人员侵害企业合法权益犯罪。
- 精准开展民事检察监督，保障民营经济规范健康持续发展。
- 强化行政检察监督，助力支持民营经济发展壮大政策落地。
- 深入推进公益诉讼检察，推动落实公平竞争政策制度。
- 加强知识产权检察综合履职，推动完善知识产权保护体系。

看点 第五届民营经济法治建设峰会

2023年7月，由全国工商联主办，最高人民法院、最高人民检察院、公安部、司法部、中国法学会支持的第五届民营经济法治建设峰会在京召开。应勇出席峰会并讲话，强调检察机关将以习近平经济思想、习近平法治思想为指引，坚持“高质效办好每一个案件”，依法惩治和预防民营企业内部人员实施的侵害民营企业产权和合法权益犯罪，在法治轨道上持续深化涉案企业合规改革，持续深化知识产权综合司法保护，加大对相关诉讼活动和涉产权刑事强制措施的监督力度，依法办理涉企控告申诉案件，切实维护司法公正，依法平等保护民营企业产权和企业家合法权益，更好地运用法治力量推动民营企业发展壮大。

河北省永清县检察院检察官进企业提供法律服务。

延伸　行政检察护航法治化营商环境“小专项”

2023年2月，全国检察机关部署开展行政检察护航法治化营商环境“小专项”活动，聚焦经营主体发展中的“痛点”“难点”“堵点”，加强涉市场主体行政诉讼监督，探索开展涉市场主体行政违法行为监督，加强涉市场主体行政争议实质性化解，以更高层次诉源治理促进更高水平社会治理，依法保障各类市场主体平等受到法律保护，助力营造法治化营商环境。

该活动入选2023年民营经济法治建设“十大护航行动”。

帮民营企业挖"蛀虫"

民营企业内部人员，特别是高管、财务、采购、销售、技术等关键岗位人员侵害民营企业合法权益犯罪，严重影响民营企业核心竞争力和创新发展。

2023年7月，最高人民检察院印发《关于依法惩治和预防民营企业内部人员侵害民营企业合法权益犯罪、为民营经济发展营造良好法治环境的意见》。

检察机关在依法惩治民营企业内部人员犯罪过程中，注重把握刑事介入与企业自主调节的界限，重点研究解决好民营企业报案处理的问题，在企业内部人员犯罪风险尚未外溢的情况下，不随意、过度介入，不干扰民营企业正常生产经营活动，避免造成民营企业正常生产经营活动停滞等侵害民营企业合法权益的问题。

案例 揪出企业“内鬼”

浙江某家居用品公司在审计内部账务时发现，雷某多次以线上品牌运营为名申领备用金、公关费，但一直未交接剩余钱款。案发后，雷某辩称公司没有规定备用金归还时限，自己只是暂用部分公款，等手头宽裕一些，马上把钱还给公司。

检察机关查明，雷某利用职务便利，编造将钱款用于为公司直播间“刷礼物”、找就职于电商平台的朋友公关等事由，向公司申领备用金、公关费等共计18万余元，并占为己有。最终，雷某犯职务侵占罪被法院判处有期徒刑1年。

针对案件暴露出的该公司在财务、人事管理方面存在的漏洞，绍兴市越城区检察院向公司制发检察建议。

“内部人员犯罪案件背后都不同程度存在公司治理体系不健全、内部防范机制缺失、从业人员法治观念淡薄等问题。”最高人民检察院第四检察厅相关负责人说，在依法惩治犯罪的同时，检察机关始终致力于帮助民营企业加强自身合规建设，完善防范内部人员犯罪的制度机制，推动实现“办理一案、治理一片”。

09 企业法律风险检察提示

最高人民检察院认真分析受理的涉企业控告申诉案件，积极开展反向审视、坚持诉源治理，对企业生产经营过程中现实多发的诉讼风险进行梳理，发布《企业法律风险提示——从控申检察办案看企业法律风险预防》（下称《风险提示》）。

甘肃省庆阳市检察院检察官走进企业进行法治宣传。

《风险提示》按照两条逻辑主线梳理企业的风险点。

以司法实践的高发风险为主线。将民事、刑事的高发风险贯穿其中，突出回应了企业尤其是中小微企业的特点和需求，每一个风险点的归纳都以大量的真实案件为基础，并进行了相关法律规范的指引。

以企业的日常生产经营为主线。从对外签订与履行合同，到对外融资担保、企业内部管理和纠纷争议解决，全方位回应企业需求。

《风险提示》归纳出适用于大多数情形的四个篇章的“风险点”“释法说理”和“控申检察提示”。

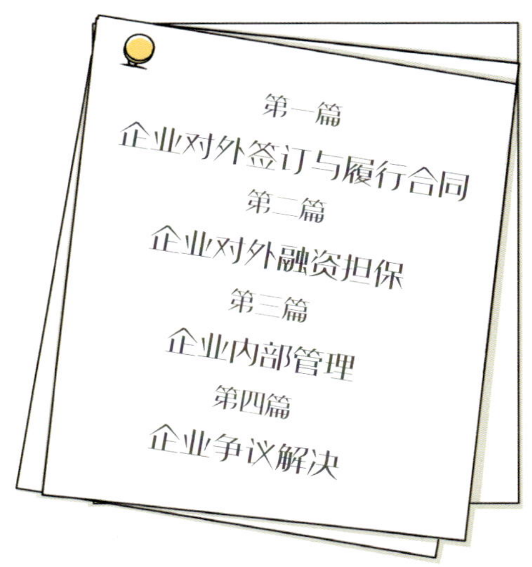

涉案企业合规改革

涉案企业合规改革是依法平等保护各类市场主体、营造法治化营商环境的重要举措。从2020年开始，最高人民检察院接续部署开展两期改革试点，目前已在全国范围内推开。截至2023年9月，全国检察机关累计办理涉案企业合规案件7800余件，其中适用第三方监督评估机制案件5500余件，对整改合规的2800余家企业、6100余人依法作出不起诉决定。另有130余家企业未通过监督评估，企业或企业负责人被依法起诉追究刑事责任。

涉案企业合规改革的目标是“**探索建立中国特色现代企业合规司法制度**”。

不是所有的涉案企业都可以适用企业合规。现阶段，重点针对涉生产经营类犯罪的企业探索合规改革。

不是所有的涉案企业合规都要以对企业和责任人员不起诉为前提。被告人被公诉、判刑后，符合条件的涉案企业可以继续进行合规整改。可以探索将合规审查作为提出从宽量刑建议的重要考量、作为减刑和假释的情节。

涉案企业合规不限于检察环节、检察工作，不停留在审查起诉环节。检察机关在继续发挥主导作用的同时，要加强与相关部门沟通协作，形成工作合力。

在接到涉案企业的合规改革申请后，河南省确山县检察院检察官与相关行政机关工作人员对涉案企业进行走访。

案例 合规整改，推动企业构筑法律风险“防火墙”

A公司员工李某某等6人以及B公司员工张某某，与到店维修车辆的两名顾客合谋，骗取保险理赔款共计41万余元。

“案发后，保险公司对我们两家企业的管理提出质疑，保险服务一度陷入停滞。”案件办理期间，2家公司的负责人紧急向北京市顺义区检察院求助，并主动作出合规经营承诺。

检察机关将企业承担经济责任的情况，作为审查合规整改落实的要素，同时积极促进追赃挽损工作，被骗保险公司的损失全部被挽回。经过合规整改，2家公司实现了对保险理赔业务运营风险点的有效管控，保险理赔数据也趋向正常，与保险公司的合作更为规范顺畅。

顺义区检察院依法对李某某提起公诉，对张某某等8人作出不起诉决定。法院采纳了检察机关对李某某从宽处罚的量刑建议，判处李某某有期徒刑二年六个月，并处罚金3万元。

依法惩治金融犯罪

2023年1月至11月，全国检察机关起诉破坏金融管理秩序犯罪1.8万余人、起诉金融诈骗犯罪4000余人。

2023年5月，最高人民检察院发布第四十四批指导性案例，以金融犯罪为主题，涉及私募基金型非法集资、伪造货币、非法经营（POS机套现）等犯罪行为，突出充分运用检察职能依法全链条惩治各类金融犯罪案件的工作要求。

2023年7月，最高人民检察院发布第四十七批指导性案例，涵盖贪污、受贿、挪用公款、国有公司人员滥用职权、违法发放贷款、违规出具金融票证、利用未公开信息交易、非国家工作人员受贿等罪名，为高质效办理金融领域新类型职务犯罪案件提供办案指导。

持续推进反洗钱工作

最高人民检察院联合公安部、中国人民银行等有关部门开展打击治理洗钱违法犯罪三年行动计划（2022—2024年），加大惩治洗钱犯罪力度。2023年1月至11月，全国检察机关起诉洗钱罪2300余人，同比上升10.6%。起诉掩饰、隐瞒犯罪所得、犯罪所得收益罪中涉洗钱犯罪行为案件8万余人，同比上升84.3%。

2023年9月，最高人民检察院联合国家监察委员会、公安部印发《关于在办理贪污贿赂犯罪案件中加强反洗钱协作配合的意见》。

案例 伪造假币！严惩！

在第四十四批指导性案例中，有一件郭某某、徐某某等人伪造货币案。该案中，伪造的假币大部分都是面额20元的人民币。

这是一起通过网络联络、分工负责、共同实施伪造货币犯罪案件。该案的犯罪嫌疑人共有7人。其中郭某某和徐某某为其余5人制造假币提供关键技术、设备和材料。

在对郭某某、徐某某的追诉中，检察机关引导公安机关收集、补充、固定共同犯罪证据。“郭某某、徐某某二人不仅销售用于制造假币的防伪纸、打印机等通用设备，还销售专门用于制造假币的电子模板、印章、丝印网版等，这足以认定他们与伪造货币人员具有共同故意。”该案承办检察官说。

最终，法院以伪造货币罪分别判处郭某某、徐某某有期徒刑十四年、十二年，各并处罚金；判处其他5名被告人有期徒刑二年至四年不等，各并处罚金。

从严打击证券犯罪

2023年1月至11月，全国检察机关起诉证券犯罪310余人，同比上升11.7%。

最高人民检察院挂牌督办34件重大财务造假、背信损害上市公司利益、操纵证券市场案件，16件重大私募基金犯罪案件，向全国23个省份交办案件117件。

最高人民检察院会同最高人民法院、公安部、证监会制定《关于办理证券期货违法犯罪案件工作若干问题的意见》，规范证券案件管辖和证据采信，完善行政执法与刑事司法衔接工作机制；会同最高人民法院修订内幕交易司法解释。

案例 獐子岛财务造假案

2016年至2018年，吴某某（獐子岛集团股份有限公司原董事长、总裁）等公司高管组织、指挥相关财务、生产人员进行财务造假，獐子岛2016年度报告虚增利润人民币13114.77万元，占同期披露利润总额158.11%；2017年度报告虚减利润人民币27865.09万元，占同期披露利润总额38.57%。

另外，吴某某等人还构成诈骗罪、串通投标罪、非国家工作人员受贿罪、对非国家工作人员行贿罪。

2022年10月，辽宁省大连市中级人民法院以诈骗罪、违规披露重要信息罪、串通投标罪、对非国家工作人员行贿罪、非国家工作人员受贿罪判处吴某某等人有期徒刑十五年至有期徒刑一年七个月、缓刑二年不等刑罚，并处人民币92万元到3万元不等罚金。吴某某等上诉。2023年5月，辽宁省高级人民法院二审裁定驳回上诉，维持原判。

检察机关积极引导侦查，在吴某某否认全部犯罪事实的情况下，通过讯问自愿认罪认罚的被告人并分组出示证据，完整还原吴某某指使公司相关人员财务造假及串通投标等完整犯罪过程，并针对辩护人所提涉案大数据分析报告是否可作为定案依据等争议焦点积极答辩，取得了良好的法律效果。

知识产权检察综合履职“说明书”

司法实践中，知识产权案件刑事犯罪、民事侵权、行政违法和公益诉讼线索往往相互交织，需统筹运用刑事、民事、行政、公益诉讼等检察职能，加强综合司法保护。

2023年4月，最高人民检察院发布的《人民检察院办理知识产权案件工作指引》，被称为知识产权检察综合履职“说明书”。

冬奥会冠军申雪与检察官共同呼吁守护冬奥知识产权。

2023年9月，最高人民检察院首次以“知识产权检察综合保护”为主题专题发布第四十八批指导性案例。

各地检察机关在办理知识产权案件中积极落实“一案四查”机制，同步审查是否涉刑事犯罪、民事侵权、行政违法和公益诉讼线索，推动知识产权检察各项职能深度融合。

截至目前，全国各省级检察院均设立知识产权检察部门。在部分办案数量较多的地市级检察院和基层检察院，也设立专门的知识产权检察部门。

2023年1月至11月

· 受理审查起诉侵犯知识产权犯罪2.8万余人，同比上升48.6%。

· 立案办理知识产权公益诉讼案件500余件。

· 受理知识产权民事行政诉讼监督案件2300余件，对民事行政生效裁判提出抗诉和再审检察建议600余件，同比增加6.4倍。

受理审查起诉侵犯商业秘密犯罪330余人，同比增加91.4%。

受理审查起诉侵犯著作权犯罪2300余人，同比增加1.5倍。

案例　深入推进惩治知识产权恶意诉讼专项工作

检察机关深入推进惩治知识产权恶意诉讼专项工作，重点关注虚假诉讼问题，加强犯罪线索移送，做到对“事”和“人”的监督相结合，刑事追诉与民事行政诉讼监督相结合。

某公司冒充权利人提起侵权诉讼5000余件。最高人民检察院对该案挂牌督办，广东、山东、陕西等地检察机关同步推进，对相关民事案件提起抗诉或者再审检察建议，将刑事案件线索移送公安机关立案侦查后，已批准逮捕5人。

延伸　依法加强商业秘密保护

检察机关聚焦服务保障国家创新发展，强化信息技术、人工智能、生物医药、新能源等重点领域知识产权司法保护，严厉打击侵犯关键核心技术犯罪，维护公平竞争的市场秩序，为企业科技创新筑牢司法屏障。

针对侵犯商业秘密案件专业性技术性强、办理难度大的特点，检察机关加强一体履职、综合履职和统筹指导。最高人民检察院指导江苏检察机关办理的胡某侵犯商业秘密案，涉案技术为肿瘤治疗重大创新药物，相关技术信息的合理许可使用费高达数亿元。检察机关以侵犯商业秘密罪提起公诉，法院采纳检察机关的指控及量刑建议，判处被告人有期徒刑四年，并处罚金。

14 促进寄递更平安

针对利用寄递渠道实施贩运毒品等犯罪问题，2021年，最高人民检察院向国家邮政局制发“七号检察建议”，集中整治寄递渠道安全隐患，依法打击寄递领域违法犯罪活动。

2023年1月至11月，检察机关起诉
寄递毒品犯罪2100余人，
寄递枪支弹药爆炸物犯罪1000余人，
寄递野生动物及制品犯罪440余人。

江苏省高邮市检察院开展寄递行业安全监督活动。

平安寄递专项行动

为推进“七号检察建议”和《关于进一步加强邮件快件寄递安全管理工作的指导意见》的贯彻落实，集中整治寄递渠道安全隐患，深化平安寄递建设，最高人民检察院与国家邮政局等17个部门于2023年5月至11月在全国范围内开展为期半年的平安寄递专项行动。

对于寄递领域损害社会公共利益等问题，检察机关充分发挥公益诉讼检察等职能作用，对寄递安全问题多角度开展法律监督工作。

平安寄递专项行动四个目标

· 筑牢寄递安全屏障，严防各类违禁物品流入寄递渠道。

· 严查严处寄递枪爆物品、毒品、危险化学品、侵权假冒商品、野生动植物及其制品、外来入侵物种、假劣药品、假币、烟草等多发性违法违规寄递行为。

· 压实企业安全责任，提高从业人员违禁物品辨识能力，提升企业安全管理能力。

· 探索形成寄递安全信息共享共用、违法违规线索通报、涉嫌犯罪案件移送协查、责任倒查长效机制，建立健全联动共建工作机制。

纪实　江苏南通：创造性落实“七号检察建议”

江苏省南通市交通区位优势明显，快递业务量大。在寄递物流产业迅猛发展的同时，防范寄递毒品等违法犯罪压力增大。

南通市检察机关以落实最高人民检察院“七号检察建议”为抓手，推动形成监管合力，主要采取了五个方面的举措：

抓好检邮协同联动。与邮政管理、公安等部门会签寄递安全协作意见，公开发布了寄递涉毒品等举报奖励通告。积极推动将“七号检察建议”落实情况纳入地方平安城市建设考核。与南通市快递行业协会共建“检邮学堂”寄递安全教育基地，为快递员补齐法律知识短板。

抓好龙头企业牵引。联合市邮政管理局精准对接大型寄递企业，督促加大安检投入力度。

抓好新型业态监管。针对同城直送、众包配送和智能快递柜等新业态监管盲区，通过制发检察建议，推动落实快递柜人脸识别、镜头前开箱验视、委托过机安检等措施。

抓好闭环数据赋能。对接市域治理大数据指挥中心，连通12345政务热线、行政部门执法信息，实时查询快递企业网点毒品等违禁品的发现和处置信息，与邮政管理部门监管系统互通，动态查询检察监督意见整改情况。

抓好禁毒法治宣传。建设禁毒法治教育基地，加强对快递员等群体的禁毒教育。

长江船舶污染治理检察专案

船舶生活污水、含油污水以及固废危废直排长江一直是影响长江水质的重要污染源。2021年3月开始实施的长江保护法明令禁止船舶污染，但长江经济带11省（市）的执法和治理进展不一。2022年5月，最高人民检察院对长江船舶污染问题以公益诉讼立案，采取最高人民检察院负责主案、沿江11省市检察机关同步办理关联案件的“1+N”模式，分层监督、整体推进。

专案组在湖南省岳阳港危化品船舶洗舱站实地调研。

江西省九江市两级检察院检察官联合海事、港航部门工作人员，开展长江船舶污染治理专案“回头看”行动。

2023年正月初八，最高人民检察院专案组赴长江沿线6省（市）开展实地调研和重点案件督办工作。专案组围绕船舶污染物收集、转运、处置设施和专用码头规划建设运行等问题，通过查看现场、座谈走访等方式现场办案，以点带面推进解决船舶污染治理深层次问题。

截至2023年11月底，检察机关共受理线索600余件、立案办理560余件，有效推动完善长江船舶污染物接收转运处置设施、健全接收转运处置闭环监管流程、优化收费项目和价格、规范船舶建造修理拆解。

首届服务保障黄河国家战略检察论坛

2023年4月，最高人民检察院联合水利部在郑州举办首届服务保障黄河国家战略检察论坛。

首届服务保障黄河国家战略检察论坛启动了黄河流域水资源保护专项行动，着力构建水行政执法与刑事司法、检察公益诉讼相衔接的生态保护大格局，推动黄河流域生态保护和高质量发展。

论坛发布了检察监督与水行政执法协同保护黄河水安全典型案例。

黄河流域水资源保护专项行动充分发挥检察公益诉讼的监督、支持和法治保障作用，聚焦黄河流域水资源短缺这个最大矛盾，推动对黄河流域违法取水问题进行集中整治，强化水资源刚性约束，有效规范流域水资源节约、保护、开发、利用秩序。

17 协同整治盗采海砂

21世纪是海洋的世纪。习近平总书记强调“要高度重视海洋生态文明建设，加强海洋环境污染防治，保护海洋生物多样性，实现海洋资源有序开发利用，为子孙后代留下一片碧海蓝天”。

2023年5月，最高人民检察院、公安部、中国海警局联合部署开展打击整治盗采海砂违法犯罪专项行动，惩治涉砂违法犯罪活动，保障海洋生态安全，维护海上安全稳定，为海洋经济发展和海洋生态文明建设提供坚强支撑。

为统一执法司法尺度，实现依法精准打击，最高人民检察院会同最高人民法院、中国海警局于2023年6月共同发布《依法打击涉海砂违法犯罪座谈会纪要》。

检察机关在各级海警机构设置履行侦查监督与协作配合职能的办公室190余个，已经覆盖全部沿海省份，这些办公室通过监督协作、督促落实、咨询指导等，有效解决基层执法实践疑难。为及时总结、提升和推广实践中的有益探索，最高人民检察院、中国海警局于2023年6月联合印发《关于健全完善侦查监督与协作配合机制的指导意见》，并发布典型案例。

2023年11月，最高人民检察院办公厅、公安部办公厅、中国海警局执法部联合印发《办理海上涉砂刑事案件证据指引》，从办理海上涉砂刑事案件的基本原则、证据种类、取证要求和审查重点等方面作出具体规定。同月，最高人民检察院对辽宁、浙江、广东3起盗采海砂案件挂牌督办。

截至目前，沿海11省市检察机关对盗采海砂犯罪案件提起公诉240余人。

福建省莆田市秀屿区检察院检察官与海警联合开展海上生态巡查活动。

法治守护“耕地红线”

党的二十大报告中强调“牢牢守住十八亿亩耕地红线”。

2023年2月，最高人民检察院联合自然资源部印发《关于建立公益诉讼检察与土地执法查处协作配合机制的通知》。各地检察机关与自然资源等部门加强协作，在日常联络、联席会议、案件信息共享、重大情况通报、联合开展专项行动等方面强化协作，共同助力耕地资源行政执法规范化、检察监督常态化。

2023年3月，最高人民检察院、自然资源部联合发布土地执法查处领域行政非诉执行监督典型案例。

2023年8月，最高人民检察院联合农业农村部开展“检察公益诉讼助力高标准农田建设”专项工作。

2023年9月，最高人民检察院发布一批耕地保护检察公益诉讼典型案例。

2023年1月至11月，全国检察机关共办理非法占用农用地耕地领域公益诉讼5200余件，办理土地执法查处领域非诉执行监督案件8600余件，涉及土地面积6.3万余亩。

案例 被非法占用的耕地如今开满油菜花

2022年7月，“益心为公”志愿者熊先生向江西省靖安县检察院提供线索，称某镇部分村民利用耕地种植草皮，有的被相关部门处理，有的仍在继续。接到线索后，检察官赶赴当地走访调查，查明该镇有100亩耕地上种植草皮、100亩耕地荒芜、18亩耕地栽种三色堇和茶花等绿化植物、8亩耕地被堆放砂石的事实。

“非法占地种植草皮大多是历史遗留问题。以前为了增加收入，村民出租耕地种植草皮，租地合同周期都比较长，再加上有些村民没有找到好的经济增收途径，所以现在仍然在种植草皮和绿化植物……”村委会工作人员向检察官介绍了相关情况。

如何既能守住耕地红线，又能兼顾种植户利益？靖安县检察院在充分调研基础上，于2022年8月召开整治非法占用农用地行政公益诉讼公开听证会，邀请该县人大代表、相关主管部门负责人及村民代表参加。经过深入交流，参会人员一致认为，草皮要铲除、绿化植物棚要拆除、砂石要清运，与此同时，村民的生计也得考虑，整改工作要结合实际、循序渐进。

同年9月，靖安县检察院制发行政公益诉讼诉前检察建议，建议某镇政府会同土地主管部门及时制定合理整治方案，分阶段推进整治，同时引导村民逐步、有序铲除草皮等，确保耕地保护政策落到实处。

2023年，为持续跟进检察建议落实情况，检察官多次来到整改现场进行“回头看”，并邀请人民监督员参加。经现场查看，砂石已清运完毕，草皮被全部铲除，绿化植物也已被移走，被占用的耕地已全部复耕。

19 文物和文化遗产检察保护

文物承载着中华民族的基因和血脉。检察机关作为国家法律监督机关和司法机关，是保护国家利益和社会公共利益的重要力量，在文物保护中肩负重要责任。

党的二十大代表、大足石刻研究院保护工程中心主任陈卉丽（中）向检察官讲解文物修复专业知识。

2023年2月，最高人民检察院、国家文物局等7部门联合印发《打击防范文物犯罪专项工作方案（2023—2025年）》，进一步完善打击防范文物犯罪联合工作机制。

2023年4月，最高人民检察院、国家文物局联合发布长城保护检察公益诉讼典型案例。

2023年9月，最高人民检察院、住房城乡建设部联合印发《关于在检察公益诉讼中加强协作配合依法做好城乡历史文化保护传承工作的意见》，强化城乡历史文化保护传承领域执法司法衔接。

2023年10月，最高人民检察院与国家文物局联合举行“依法惩治文物犯罪 赓续中华历史文脉”新闻发布会，通报近年来检察机关依法惩治文物犯罪工作情况和文物行政部门打击文物犯罪工作情况，发布依法惩治涉文物犯罪典型案例。

2021年1月至2023年9月，全国检察机关共批准和决定逮捕妨害文物管理犯罪案件3100余人，起诉5000余人。

对于破坏文物行为造成公共利益损害的，及时启动刑事、公益诉讼一体化办案机制。

2022年1月至2023年9月，全国检察机关共办理文物和文化遗产保护领域公益诉讼1.1万余件。

案例 千年古刹脱困记

在青海省西宁市城中区，坐落着一座千年古刹——宗喀大慈宏觉寺。作为古丝绸之路、唐蕃古道上各民族共同创建的古刹，宏觉寺是一处见证民族团结的珍贵历史文化遗产。

西宁市城中区检察院在对辖区文物保护单位进行摸排走访时发现，宏觉寺重要组成部分前香厅因历史原因先后被几家工厂和一所学校占用，现被某印刷厂当作库房。前香厅年久失修，山墙、门窗都已严重损毁，存在严重的安全隐患。

在掌握相关线索后，办案检察官多次走访印刷厂负责人、区文体旅游科技局文物保护专家、寺院负责人，了解到印刷厂有责任保持文物原状，但文物保护要求的技术含量高，印刷厂没有修缮能力，且因后续安置问题，无法腾清前香厅内的印刷物资及设备。寺院负责人曾多次和印刷厂沟通协调，均没有实质性的进展。

为有效解决宏觉寺修缮问题，促成各方达成一致意见，城中区检察院针对宏觉寺行政公益诉讼案召开听证会，邀请区人大代表、政协委员、人民监督员、律师、专家等担任听证员，区文体旅游科技局代表和印刷厂代表参加了听证会。会后，城中区检察院向区文体旅游科技局公开送达了行政公益诉讼诉前检察建议，督促其依法履职，积极采取措施，确保省级文物保护单位宏觉寺得到妥善保护和使用。最终，印刷厂与区文体旅游科技局达成一致意见，同意将宏觉寺交给行政机关修缮维护，行政机关也表示将积极落实监管职责，做好修缮维护工作。截至目前，修缮文物主体工程项目已全部竣工。

相关单位在宏觉寺挂牌成立“青海省民族团结进步教育基地”“文物保护公益诉讼示范点”。

检察建议抓前端治未病

按照《中华人民共和国人民检察院组织法》规定，检察机关行使法律监督职权，可以依法提出检察建议。有关单位应当予以配合，并及时将采纳检察建议的情况书面回复人民检察院。

检察建议是检察机关履行法律监督职能的重要方式，也是检察机关参与社会治理、促进依法行政、维护司法公正的有效手段。高质量、可操作性强的检察建议不仅能够增强监督刚性、提升办案质效，更能推动社会治理难题的协同共治。

2023年1月至11月，全国检察机关

共制发社会治理类检察建议3.5万余份，有效推动行业治理、系统治理。

推动检察建议从“办理”向“办复”转变，制发的社会治理检察建议采纳率达93.9%；

检察机关持续紧盯、跟进落实，以跟进监督的“韧劲”增强监督刚性，及时督促、支持帮助被建议单位开展整改工作。

河南省洛阳市洛龙区检察院检察官对检察建议落实情况开展跟踪回访。

解读 如何理解检察建议从“办理”向“办复”转变？

强调检察建议从“办理”向“办复”转变，必须从“法定职责必须为”的高度加强认识。根据人民检察院组织法的相关规定，有关单位应当及时将采纳检察建议的情况书面回复人民检察院。可以看出，检察建议从“办理”到“办复”绝不是简单的工作方式转变，而是严格落实法律规定对法律监督方式的进一步完善。

从“办理”到“办复”，虽仅有一字之差，却是天差地别。“办复”不仅要求有关单位对被建议事项有“文来文往”的书面回复，更重要的是要有“实而又实”的整改效果。

推动检察建议从“办理”向“办复”转变，关键要在“后半篇文章”上见真章、动真格、求实效，切实打通检察建议落实的“最后一公里”，真正形成完整的工作闭环。

检察外事服务大国外交

2023年，最高人民检察院深入贯彻落实习近平法治思想、习近平外交思想，不断增强系统观念，把检察机关涉外法治工作置于党和国家外交大局中思考、谋划和推进，加强与外国司法机关高层互访；巩固和发展双边、多边合作机制，充分发挥在上海合作组织成员国总检察长会议、中国—东盟成员国总检察长会议、金砖国家总检察长会议机制中的作用，推动执法司法务实合作，为构建人类命运共同体贡献中国检察力量。

2023年11月，第二十一次上海合作组织成员国总检察长会议在陕西西安举行。

2023年11月，第五次金砖国家总检察长会议以视频形式召开。

2023年12月，第十三届中国—东盟成员国总检察长会议在越南河内召开。与会各国检察代表团团长共同签署了《第十三届中国—东盟成员国总检察长会议联合声明》。

第二章

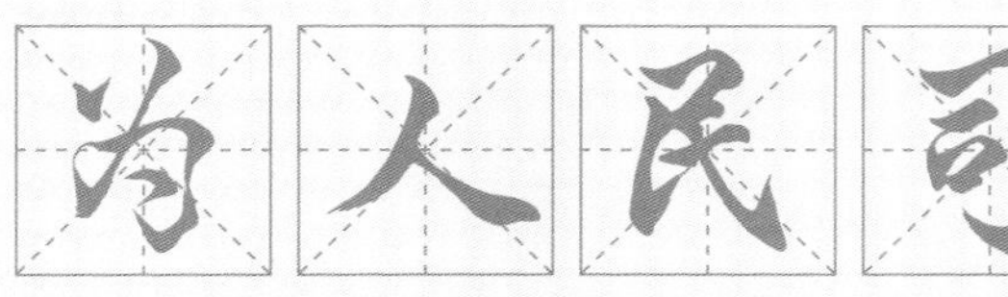

——做实人民群众可感受、能体验、得实惠的检察为民

食药安全，容不得半点马虎！

食药安全大于天。检察机关深入贯彻落实食品药品安全“四个最严”要求：建立最严谨的标准、实施最严格的监管、实行最严厉的处罚、坚持最严肃的问责，始终把解决食品药品安全领域突出问题作为工作重点，携手职能部门倾力守护人民群众身体健康和生命安全。

2023年1月至11月，全国检察机关共批准逮捕

涉食品药品犯罪案件2500余人，同比上升47.7%。

提起公诉1万余人，同比上升32.8%。

立案办理食品药品安全公益诉讼案件2.2万余件。

督促查处销售假冒伪劣食品33余吨，

督促收回流通中的假冒伪劣食品约1吨，

督促查处销售假药和走私药品1800余种，

督促收回流通中的假药和走私药品190余种。

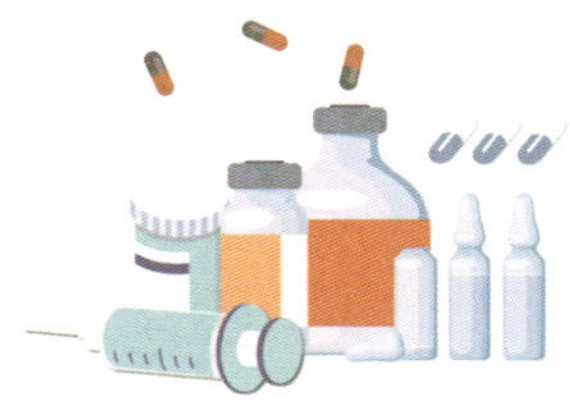

黑龙江省集贤县检察院与该县市场监督管理局联合开展食品安全宣传活动。

对食品药品犯罪“零容忍”

- 联合国家药监局、市场监管总局等部门制发《药品行政执法与刑事司法衔接工作办法》，完善药品领域行刑衔接配合机制，形成打击危害药品安全违法犯罪合力。
- 与公安部、国家药监局先后联合挂牌督办3批29件危害药品安全犯罪案件和医疗美容领域药品、医疗器械犯罪案件。
- 聚焦食药领域新业态新问题，发布“3·15”食品药品安全公益诉讼典型案例。
- 与国家疾控局等单位开展抗抑菌制剂联合专项整治行动，并联合发布典型案例。

声音 全国人大代表孙莹：从源头把好食药安全关

“‘消’字号抗（抑）菌制剂产品是不允许添加药品等禁用物质的，市场上确实还存在一些企业违法生产。”全国人大代表、内蒙古自治区赤峰市医院血液内科主任孙莹从事医务工作多年，药品安全在她看来关乎民生大事。

“民生无小事，食药安全要防患于未然。抗（抑）菌制剂中违规添加禁用物质，容易引起过敏反应，导致耐药菌株产生，影响水、盐代谢等。”孙莹代表说，检察机关通过办案，运用法治思维和法治方式从源头把好药品安全关，积极回应了人民群众关切，有力维护了消费者健康和合法权益，用实际行动增强人民群众的获得感、幸福感、安全感。

孙莹代表表示，希望检察机关落实好习近平总书记关于食品药品安全“四个最严”要求，加大办案力度，充分发挥公益诉讼职能作用，依法督促行政机关履职尽责，在对销售环节强化监管的基础上推动溯源治理，助推建立长效监管机制，切实保护人民群众身体健康。

群众信访件件有回复

2023年，检察机关坚持和发展新时代“枫桥经验”，持续巩固深化群众信访“7日内程序性回复、3个月内办理过程或结果答复”制度，用心用情用法高质效办好每一件信访案件。

2023年9月，应勇到山西省新绛县下访接访，在县检察院接待了两起刑事申诉案件申诉人。

2023年3月 最高人民检察院部署重复信访积案实质性化解三年攻坚工作，梳理排查1062件重复信访积案并集中向下交办；各省级检察院同步开展“清仓”行动。

2023年4月 最高人民检察院部署开展信访矛盾源头治理三年攻坚行动。

2023年7月 建立涉检矛盾多元解纷平台。在最高人民检察院12309检察服务中心接访大厅建设简易听证室和“多元解纷工作室”。

2023年1月至11月，全国检察机关接收群众信访80.8万余件，

7日内程序性回复率为99.73%，

3个月内办理结果和进展答复率为97.25%。

做实做优检察听证

检察听证是检察机关根据办案实际需要，或者当事人及其辩护人、代理人的申请，邀请与案件没有利害关系的代表委员、人民监督员、特约检察员、人民调解员或当事人所在单位、居住地的村委会（居委会）工作人员以及专家、学者等担任听证员，就事实认定、法律适用和案件处理等听取意见的案件审查活动。

检察听证引导当事人在法律范围内寻求合理合法的纠纷化解途径，是检察机关化解社会矛盾、消除社会戾气、践行新时代“枫桥经验”的生动写照。

云南省检察院与省工商联共同举办听证会，当事人双方在听证会上化解多年积怨、握手言和。

在常态化开展公开听证基础上，最高人民检察院全面推行简易听证，对正在办理的案件，或办结后申诉人仍然不服的案件，申诉人提出公开听证要求的，依法及时就地组织公开听证，做好申诉人的释法说理工作。对一些身患残疾行动不便、路途遥远、出行困难的信访群众及因婚姻家庭等民间矛盾引发的涉妇女儿童信访案件，以上门听证方式开展化解工作。

2023年1月至11月，全国检察机关

共开展检察听证信访案件2.6万余件，

同比上升11.8%。其中，简易听证案件2.1万余件，

上门听证案件4500余件。

全国各级检察院听证员数量已达41.3万余人。

案例 听证会消融十年“坚冰”

2013年，贾某从赵某处借款4.1万元，约定月利率3%。截至2020年，贾某共计偿还赵某利息4.41万元后，拒绝偿还剩余本金及利息。后赵某起诉至法院，法院判决贾某立即偿还借款本金4.1万元，并支付资金占用利息。

后因贾某未履行还款义务，四川省南江县人民法院冻结了贾某的养老金账户，将其纳入失信被执行人名单并限制其高消费。

2022年，赵某领到执行案款4.1万元，贾某继续被纳入失信被执行人名单并被限制高消费。贾某遂于2023年向检察院申请执行监督。

南江县检察院受理该案后，发现法院的判决及执行并无不当，对贾某的监督申请依法应不予支持。然而，考虑到贾某几年来多次提出诉求，双方积怨较深，如果仅就案办案作出不支持监督申请决定，双方矛盾可能进一步激化。为彻底打开双方当事人多年的心结，在征求双方意见后，南江县检察院就此案组织召开公开听证会，并邀请人大代表、人民监督员、法院执行局法官参加。

听证会上，承办检察官对该案的调查情况以及审查结果进行了详细说明，对相关法律规定进行了深入阐释。法官对案件的承办过程和法律适用作出了解释，人大代表、人民监督员也分别表达了意见。通过与会人员从情理、法理等多方面进行释法说理，帮助债务人贾某正确理解法律，最终，贾某消除了对法律的误解，打开了心结。双方当事人握手言和，矛盾得以化解。

“小专项”护航“大民生”

最高人民检察院坚持“为民而行、与民同行”，在全国检察机关部署开展“全面深化行政检察监督 依法护航民生民利”专项活动。地方各级检察机关立足实际，围绕就业、教育、社保、医疗、住房、养老、社会治安、婚姻登记八大重点民生领域，以及妇女、老年人、残疾人、退役军人、农民工、市场主体六大特定群体权益，因地制宜开展“小专项”活动，集中整治人民群众反映强烈的突出问题，服务保障民生民利。

最高人民检察院发布了13批“检察为民办实事”——行政检察与民同行典型案例，会同民政部、中国残联发布保护残疾人合法权益典型案例。

安徽省凤阳县检察院检察官走进社区，开展以“守住兜里钱 幸福享晚年”为主题的老年人防范诈骗法治宣传活动。

法治呵护“半边天”

最高人民检察院会同全国妇联开展“关注困难妇女群体，加强专项司法救助”活动，围绕“凡是符合救助条件的困难妇女，均应当及时提供救助帮扶”这一目标，在检察办案环节对遭受犯罪侵害或民事侵权、无法通过诉讼获得有效赔偿、生活面临急迫困难的妇女，及时启动司法救助程序，发放司法救助金，针对实际困难衔接开展心理疏导、就业指导、临时救助等社会帮扶措施。

浙江省嘉兴市检察院检察官向全国人大代表、嘉兴市妇联副主席刘锐（左二）介绍被救助人义肢安装情况。

- 联合全国妇联深入开展“关注困难妇女群体，加强专项司法救助”活动，努力实现“一次救助，长期关怀”。
- 下发《关于贯彻实施新修订〈中华人民共和国妇女权益保障法〉切实保障妇女权益的通知》，对深入开展对涉案妇女的司法救助、强化妇女权益保障的综合治理等方面提出明确要求。
- 联合人力资源社会保障部、国家卫生健康委、全国总工会、中国企业联合会/中国企业家协会发布《工作场所女职工特殊劳动保护制度（参考文本）》《消除工作场所性骚扰制度（参考文本）》。
- 对准确理解适用《中华人民共和国妇女权益保障法》，积极稳妥推进妇女权益保障公益诉讼检察工作作出部署。
- 会同全国妇联发布维护农村妇女涉土地合法权益行政检察典型案例。

2023年1月至11月

全国检察机关共救助因案致困妇女1.7万余人，

发放司法救助金1.7亿余元。

支持起诉！为“他们”撑腰

民事诉讼法第十五条规定：“机关、社会团体、企业事业单位对损害国家、集体或者个人民事权益的行为，可以支持受损害的单位或者个人向人民法院起诉。”长期以来，检察机关通过民事支持起诉制度，为特殊群体提供无偿法律帮助，彰显了我国司法制度优势和人文关怀。

2023年1月至11月，全国检察机关对权益受损但不敢或不懂起诉的老年人、残疾人、农民工和受家暴妇女等，支持提起民事诉讼6.9万余件，同比上升15.1%。

海南省儋州市检察院联合市公安局、市劳动监察支队到工地开展预防拖欠农民工工资法治宣传活动。

案例 帮农民工讨回拖欠10年薪资

“检察官你好，多亏你们，我们的钱拿到了，一分不少！”内蒙古自治区二连浩特市检察院支持起诉的张某等5名农民工讨薪案传来了好消息：工程承包方马某按照调解协议约定，付清了张某等人的工资13.6万元。

2013年3月，马某承揽二连浩特市某酒店项目部分轻工建设后，雇用张某、刘某等5名农民工负责电气、木工等工程。2014年秋天，该工程已全部完工并投入使用。可此后近10年里，马某却拒绝向张某等5名农民工支付劳动报酬。张某、刘某等5人苦于手中无任何证据，无法通过诉讼维护自身合法权益，遂于2023年7月向二连浩特市检察院求助，请求检察机关发挥支持起诉等职能作用，督促工程承包方马某支付拖欠的工资。

二连浩特市检察院经审查认为，该案属于劳务合同纠纷，农民工为承包方提供了劳务，承包方应当依法及时支付劳动报酬。张某等农民工诉讼能力不足，法律知识欠缺，符合支持起诉条件。7月，该院依法向法院发出《支持起诉意见书》，支持5名农民工提起诉讼。承办检察官还与二连浩特市根治拖欠农牧民工工资工作领导小组办公室及建筑主管部门沟通并达成共识，即如果马某仍不依法支付工人工资，将限制其在二连浩特市范围内承揽工程项目。8月，双方当事人达成调解协议，马某承诺在9月10日前一次性支付拖欠的13.6万元工资。

07 守护安全生产“生命线”

检察机关牢固树立以人民为中心的发展理念，依法惩治危害生产安全犯罪，充分发挥公益诉讼检察职能作用，积极促进安全生产领域综合治理，守护群众生命财产安全。

2023年1月至11月，全国检察机关依法起诉危害生产安全犯罪4100余人，共立案办理安全生产领域公益诉讼案件1.6万余件。

最高人民检察院对北京长峰医院火灾事故案、山西永聚煤业火灾事故案等挂牌督办。

宁夏回族自治区吴忠市检察院联合盐池县检察院、盐池县公安局开展安全生产再检查“回头看”。

案例　最高人民检察院挂牌督办山西永聚煤业火灾事故案

2023年11月，山西省吕梁市离石区永聚煤业联建楼发生重大火灾事故，致26人死亡，38人受伤。吕梁市公安局离石分局对相关责任人员立案侦查。山西省检察机关应邀参与此次事故调查。

最高人民检察院对山西永聚煤业火灾事故案挂牌督办，要求山西检察机关充分发挥检察职能作用，协同公安机关及有关部门，准确查明各方责任，夯实案件证据基础，依法惩处相关犯罪，维护被害人合法权益；同时，强化溯源治理，助推安全生产风险防范和综合治理。

检察机关将以落实“八号检察建议”为抓手，督促相关职能部门加强和改进安全生产监管工作，抓早抓小抓苗头、抓制度规范落实、防患于未然，切实保护人民群众生命财产安全。

“八号检察建议”是什么？

2022年3月，最高人民检察院总结近年来全国安全生产形势总体情况，分析安全生产事故的产生原因，向应急管理部发出检察建议，同时抄送中央纪委国家监委、国务院安全生产委员会、公安部、交通运输部等11个有关部门。检察机关从“抓前端、治未病”出发，助推安全生产溯源治理，切实维护生产安全和人民群众生命财产安全。

08 “检察蓝”服务“国防绿”

全国检察机关加大惩治危害国防利益和侵犯军人军属合法权益犯罪力度，加强军地检察协作，为保障国防安全和军人军属合法权益，巩固发展军政军民团结提供有力司法保障。

2023年1月至11月，检察机关起诉危害国防利益、侵犯军人军属合法权益犯罪330余人；办理国防和军事领域公益诉讼400余件、军人地位和权益保护公益诉讼740余件；办理英烈权益保护领域公益诉讼800余件，推动修缮烈士纪念设施240余处。与退役军人事务部联合发布典型案例，救助遭受不法侵害的军人军属、退役军人1000余名。

河南省濮阳市华龙区检察院对新兵开展普法宣传活动。

案例　散葬烈士墓更要妥善保护

“1951年4月，志愿军发动了抗美援朝第五次战役，在西线左翼实施突破，攻占了头流山并继续向前穿插发展，经过一夜的激烈战斗最终取得胜利……”近日，重庆市云阳县黄石镇组织机关干部、各村（社区）干部以及群众代表，来到修葺一新的抗美援朝烈士王昌涛墓前进行祭扫。

“王昌涛烈士牺牲时年仅32岁。志愿军179师政治部在1951年8月15日批准王昌涛为烈士，民政部于2016年9月颁发了烈士证明书，抗美援朝纪念馆烈士名单上也有他的名字。”该县退役军人事务局局长陈宗亮介绍。

“我们是三年前发现王昌涛烈士墓存在保护不当问题的。”云阳县检察院办案检察官介绍，现场走访时发现，王昌涛烈士的墓碑斑驳破旧，周围杂草丛生，塑料瓶和塑料袋四处散落，附近未设保护标志和明显的保护地带，也没有修建瞻仰的附属设施。

王昌涛烈士墓的保护问题并非个案。2020年8月，云阳县检察院在开展“零散烈士纪念设施保护”专项监督时，对辖区30处零散烈士纪念设施进行全面巡查，发现一些散葬烈士墓同样存在

2023年7月，重庆市云阳县检察院检察干警对抗美援朝烈士纪念设施保护公益诉讼案进行“回头看”。

周边杂草丛生、垃圾遍地，烈士墓碑字迹模糊不清，未设立烈士墓保护标识等问题。

“散葬烈士墓也是烈士纪念设施的重要组成部分，其中还涉及抗美援朝烈士陵墓，这些都是传承红色基因、弘扬抗美援朝精神的爱国主义教育场所，保护刻不容缓！”该院检察长陈璋剑表示。

2020年8月，该院向上述烈士墓所在地镇政府发出检察建议，建议采取有力措施妥善保护烈士纪念设施。收到检察建议后，有关镇政府迅速开展集中整改，加强对烈士墓的日常管理保护和烈士史料的收集整理。以王昌涛烈士墓为例，黄石镇政府出资实施修缮，还在墓地周边设立了保护标志、纪念碑，修通了前往墓地的水泥便道，方便群众祭奠瞻仰。

“目前，全县共有烈士纪念设施41处，安葬烈士1200名。每一座纪念碑、每一座烈士墓、每一段英雄故事，都是永不熄灭的精神火炬”，陈宗亮表示。

09 为侨服务

2023年4月，应勇在与中国侨联党组书记、主席万立骏的座谈交流中指出："为侨服务没有最好，只有更好。"全国检察机关深入贯彻落实习近平总书记的重要指示精神和党中央决策部署，聚焦"侨"特点，进一步从护航侨企发展、维护侨胞权益、守护乡愁记忆上丰富检侨合作的内容与模式，同心聚侨、服务为侨、以情联侨，推动检察护侨工作提质增效。

2023年4月，最高人民检察院与中国侨联召开座谈会，就深化检侨合作，共同维护归侨侨眷和海外侨胞权益等深入交流。

围绕如何更好保护侨胞合法权益，各地检察机关走出了各具特色的新路子——

·在浙江青田、广东茂名、福建福州等传统侨乡，检察机关组建专业办案团队；推行涉侨案件简案快办，在12309检察服务中心设立涉侨案件来信、来访、电话、网络“四位一体”的“绿色通道”。

·在“新侨乡”，江苏省无锡市检察院成立“检察护侨服务中心”，探索检侨联动创新路径。

·广西壮族自治区检察院、广西壮族自治区归国华侨联合会印发《关于加强新时代涉侨检察工作依法保护归侨侨眷和海外侨胞合法权益工作机制的意见》。

·重庆市检察机关推动侨联系统“侨胞之家”与检察系统“益之家”阵地共融共享，聘请侨界人士为“益心为公”平台志愿者，打通涉侨公益诉讼服务“最后一公里”。

案例 守护乡愁记忆

“我的祖辈曾捐款出资重修了灌口凤山祖庙，守护祖庙对于侨胞后人来说是传承也是根脉。感谢检察机关！”2023年4月，83岁的侨胞亲属黄允尾回到家乡，当看到正在修缮中的祖庙斗拱雕琢、燕尾翘脊，沉淀出悠远历史和古老建筑交相辉映的和谐美感时，朴实的话语道出这位老人激动的心情。

“当时，为防止后殿裸露的建筑倒塌，这里全靠三根木头撑着”，福建省厦门市集美区检察院副检察长陈志荣回忆起初次来到现场调研时的场景仍历历在目。2022年底，该院开展检察公益诉讼助力文物保护活动，发现由东南亚华侨捐资修建的、距今已有近100年历史的灌口凤山祖庙外观破损严重，存在安全隐患。“由于多头管理、人员缺位、资金协调等因素，修缮工作屡屡碰壁。”集美区文旅局负责人表示。

为解决祖庙保护难题，2023年3月，集美区检察院在充分调研的基础上，召开现场公开听证会，邀请人大代表、政协委员、人民监督员、文史专家、公益诉讼观察员等“联合会诊”，向集美区文旅局和灌口镇政府制发检察建议，推动灌口凤山祖庙修缮方案尽快落地落实。

有爱·无碍

无障碍环境建设问题，是一个国家和社会文明的标志。

2023年9月1日，《中华人民共和国无障碍环境建设法》正式施行，明确将检察公益诉讼作为监督管理的兜底保障措施。

浙江省杭州市拱墅区检察院检察官回访残疾人代表。

2023年11月，最高人民检察院、住房和城乡建设部、中国残疾人联合会共同举行“让爱无‘碍’共享美好生活”新闻发布会，通报推进无障碍环境建设和法律监督工作情况，并联合发布一批无障碍环境建设检察公益诉讼典型案例。

2023年1月至11月，全国检察机关共立案办理无障碍环境建设领域公益诉讼案件1800余件。

安徽省合肥市蜀山区检察院检察官陪同残疾人代表在合肥市图书馆盲人阅览室体验盲文图书借阅服务。

纪实 人大代表建议推动“无障碍急救平台”建设

根据代表建议与公益诉讼检察建议双向衔接转化工作机制，浙江省宁波市检察院发现代表提出的《关于完善无障碍体系建设的建议》反映出信息无障碍服务短缺问题。宁波市残疾人联合会也向宁波市检察院反映，希望加大信息无障碍建设，特别是在120等急救系统中增设文字信息报送和文字呼叫功能，保障有听力障碍、言语障碍群体及其家属的生命健康和财产安全。

120文字信息报送和文字呼叫功能有广泛的需求群体。宁波市检察院启动了行政公益诉讼诉前程序，围绕完善120文字信息报送和文字呼叫功能开展调查核实工作。

经查，2022年2月，宁波市急救中心为解决该市听力、言语障碍人士无法独立呼叫120的难题，成功对接“无障碍急救平台”微信小程序，实现文字呼叫120报警功能。但因技术问题，该市大部分地区无法实现无障碍急救报警呼叫。

为尽快实现平台升级，2023年5月，宁波市检察院与市卫生健康委等部门进行行政公益诉讼诉前磋商。6月，该院向市卫生健康委制发检察建议，建议其依法指导市急救中心完善“无障碍急救平台”建设，实现无障碍文字信息报送和文字呼叫120报警功能全覆盖。

在宁波市卫生健康委指导下，市急救中心与相关公司对接，攻克了技术难题，最终实现了无障碍报警功能全域覆盖。

小说明书的大变化

“老年人是日常自用药的主要群体，但目前大部分药品的包装和使用说明书字号过小，导致老年患者在合理用药、用药安全方面存在隐患。”全国人大代表、中南出版传媒集团股份有限公司出版部部长戴茵在2023年两会上提出了相关建议。

2023年5月，全国人大代表戴茵向最高人民检察院提出尝试用公益诉讼或检察建议的方式推动药品说明书适老化无障碍改造的建议。

全国人大代表戴茵（右）就药品说明书问题开展调研。

围绕药品说明书字小问题，检察官在药店随机采访来购药的老年人。

连云港市检察机关在药品说明书适老化无障碍改造上率先作出了有益尝试。检察机关通过向负有监管职责的行政机关制发检察建议，推动相关药企将说明书由单面印刷改为双面印刷，并将字号变大或加重印刷。

最高人民检察院及时总结经验，指导上海、广东等地检察机关开展无障碍公益诉讼，鼓励药品生产经营者在外包装配置盲文、大字、语音说明书，设置无障碍识别标识、技术和语言。

2023年10月，最高人民检察院举行药品说明书适老化无障碍改造检察公益诉讼专案进展评估会。会上展示了多种老年人常用药，用手机扫描药盒上的药品追溯码，简单操作便可实现药品说明书内容语音播报，还能切换大号字体。

整治“医美刺客”

近年来，随着医美需求高涨，非法行医、假冒商品、虚假宣传、价格欺诈等问题也日益凸显，引发的消费纠纷、医疗事故也不断增多，成为不少求美者难以承受之痛。从黑机构、假医生到黑药械、假销售，“医美刺客”已形成一条完整的产业链，刺痛的不仅是求美者的钱包，还有求美者的身心健康。

全国检察机关聚焦医疗美容领域突出问题，会同市场监管等部门积极推进专项整治。

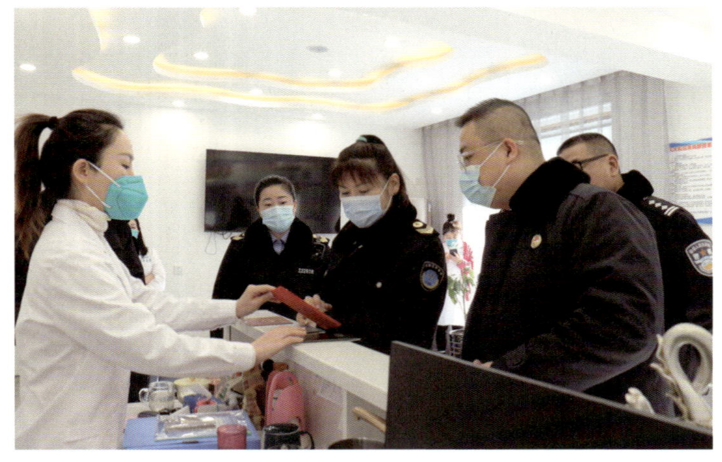

吉林省蛟河市检察院会同该市市场监督管理局、卫健局、公安局等单位共同前往辖区医疗美容机构进行联合检查。

2022年9月至2023年2月，全国检察机关共起诉涉医疗美容犯罪案件380余人，立案办理该领域公益诉讼案件830余件。

2023年4月，最高人民检察院发布6件检察机关依法惩治医疗美容领域违法犯罪典型案例，集中披露了医疗美容领域的主要犯罪方式，揭示了常见风险隐患，警示求美者理性选择医疗美容服务。

2023年5月，最高人民检察院会同国家市场监督管理总局等10部门联合印发《关于进一步加强医疗美容行业监管工作的指导意见》，就进一步加强医疗美容行业监管工作，规范和促进医疗美容行业发展提出一系列针对性举措。

声音　全国人大代表张春梅：推进医美行业突出问题专项治理

“美容变‘毁容’，微整形变成‘危’整形，这样的惨剧时有发生，不仅扰乱医疗美容行业秩序，而且对消费者生命健康安全构成极大威胁。”全国人大代表、广东省五华县红根然养殖专业合作社理事长张春梅表示。

张春梅代表建议，检察机关应联合相关职能部门，进一步强化多部门协作，针对医疗美容行业虚假广告、非法行医、价格欺诈、产品质量、侵害人身健康安全等方面的突出问题，充分发挥刑事检察和公益诉讼检察职能，依法打击医美行业违法犯罪，切实维护公共利益，共同推进医美行业突出问题专项治理，促进医美行业规范健康发展，实现人民群众对安全医美、放心医美、健康医美的美好愿望。

促推“六大保护”协同发力

修订后的未成年人保护法确立了家庭、学校、社会、网络、政府、司法“六位一体”的未成年人保护新格局。修订后的预防未成年人犯罪法对发挥各方合力，共同做好预防未成年人犯罪作出了明确规定。2023年，检察机关认真落实未成年人“两法”，找准检察机关与其他保护的结合点，推动相关部门依法履职尽责，促推“六大保护”协同发力。

促推家庭保护

让“依法带娃”成为家长必修课，制发“督促监护令”4.8万余份。

最高人民检察院联合国务院妇女儿童工作委员会办公室、中华全国妇女联合会、中国关心下一代工作委员会共同设计制作了家庭教育主题宣传海报，于2023年5月24日正式向社会发布。

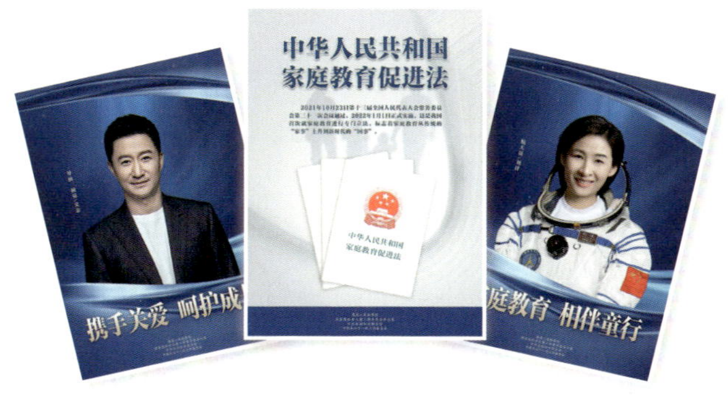

促推学校保护

2023年11月，全国青少年学生法治教育实践示范基地暨最高人民检察院未成年人法治教育实践基地开馆揭幕。截至目前，检察机关已会同教育部门建成未成年人法治教育实践基地2120个。

2023年11月，应勇与教育部党组书记、部长怀进鹏共同为最高人民检察院未成年人法治教育实践基地揭牌。

落实“法治教育从娃娃抓起”，落实与教育部联合制发的《检察官担任法治副校长工作规定》，携手推进4.3万余名检察官担任中小学法治副校长。

2023年11月，应勇受聘为北京四中法治副校长。

促推社会保护

2023年2月，最高人民检察院发布新兴业态治理未成年人保护检察公益诉讼典型案例，促进规范电竞酒店、盲盒、剧本杀等新兴业态管理。

2023年4月，由最高人民检察院、共青团中央等共同推动研发的《未成年人司法社会工作服务规范》国家标准发布，这是我国在司法社会工作服务领域第一项国家标准。

2023年4月，最高人民检察院发布未成年人检察社会支持体系示范建设典型案例。

促推网络保护

2023年5月，最高人民检察院联合国家互联网信息办公室、国务院妇女儿童工作委员会办公室召开“检爱同行，共护花开——加强未成年人网络保护综合履职”新闻发布会。

北京市海淀区检察院检察官到清华大学附属中学讲授“未成年人网络保护”主题法治课。

促推政府保护

最高人民检察院会同民政部加强流动儿童和留守儿童等权益保护工作，研究制定相关工作方案。

促推司法保护

最高人民检察院制定未成年人检察工作指引，规范刑事、民事、行政、公益诉讼检察综合履职的范围、程序、方式等；2023年6月，发布《未成年人检察工作白皮书（2022）》，首次披露检察机关强化“四大检察”融合履职，深化未成年人全面综合司法保护有关情况。

2023年12月，最高人民检察院举办性侵害未成年人案件办理公检法同堂培训班。

延伸 什么是强制报告、入职查询？

侵害未成年人案件强制报告制度

未成年人保护法规定：国家机关、居民委员会、村民委员会、密切接触未成年人的单位及其工作人员，在工作中发现未成年人身心健康受到侵害、疑似受到侵害或者面临其他危险情形的，应当立即向公安、民政、教育等有关部门报告；旅馆、宾馆、酒店等住宿经营者接待未成年人入住，或者接待未成年人和成年人共同入住时，应当询问父母或者其他监护人的联系方式、入住人员的身份关系等有关情况；发现有违法犯罪嫌疑的，应当立即向公安机关报告，并及时联系未成年人的父母或者其他监护人。

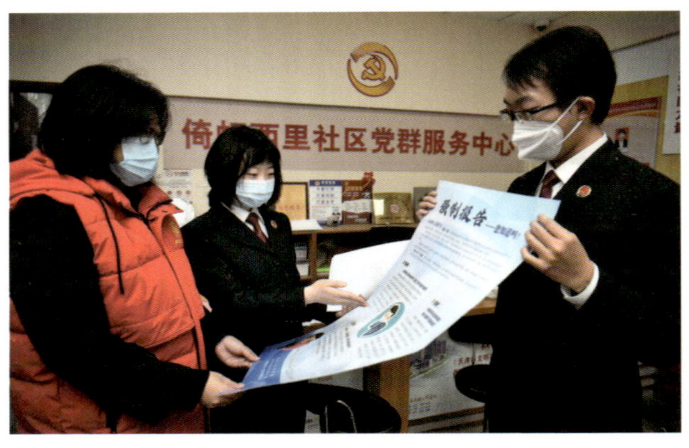

天津市河东区检察院检察官深入社区、学校，开展未成年人保护和侵害未成年人案件强制报告制度宣讲。

教职员工入职前查询违法犯罪记录制度

未成年人保护法第六十二条规定：密切接触未成年人的单位招聘工作人员时应当向公安机关、人民检察院查询应聘者是否具有性侵害、虐待、拐卖、暴力伤害等违法犯罪记录；发现其具有前述行为记录的，不得录用。密切接触未成年人的单位应当每年定期对工作人员是否具有上述违法犯罪记录进行查询。通过查询或者其他方式发现其工作人员具有上述行为的，应当及时解聘。

2023年4月，教育部出台《关于推开教职员工准入查询工作的通知》。

对侵害未成年人犯罪“零容忍”

未成年人是祖国的未来、民族的希望。

检察机关会同公安机关、人民法院依法从严惩治杀害、伤害、性侵、拐卖、虐待等侵害未成年人犯罪行为，坚决打击，绝不姑息。

2023年1月至11月，全国检察机关

批捕侵害未成年人犯罪 4.9万余人，起诉 5.9万余人。

为避免反复询问取证对未成年被害人造成“次生伤害”，全国检察机关会同公安机关、妇联等建成未成年被害人“一站式”询问取证场所2053个。为帮助未成年被害人尽快走出困境，检察机关加大司法救助力度，2023年1月至11月，救助未成年被害人1.5万余人，发放救助金1.4亿余元。

斩断性侵未成年人犯罪“黑手”

性侵害未成年人犯罪严重危害未成年人身心健康，挑战社会伦理道德底线，对这类犯罪，检察机关持续保持高压态势。2023年5月，《最高人民法院、最高人民检察院关于办理强奸、猥亵未成年人刑事案件适用法律若干问题的解释》、《最高人民法院、最高人民检察院、公安部、司法部关于办理性侵害未成年人刑事案件的意见》两个司法文件同时发布，明确性侵害未成年人犯罪法律适用标准。

未成年人的特别程序

刑事诉讼法规定，对于未成年人涉嫌侵犯公民人身权利、民主权利或侵犯财产、妨害社会管理秩序犯罪，可能判处一年有期徒刑以下刑罚，符合起诉条件，但有悔罪表现的，检察机关可以作出附条件不起诉决定，并设定六个月以上一年以下的考验期，对其进行监督考察。对考验期内实施新的犯罪、发现漏罪或者严重违反有关规定的，检察机关应当撤销附条件不起诉决定，提起公诉；在考验期内没有上述情形，考验期满的，应当作出不起诉决定。

对于主观恶性深、犯罪手段残忍、后果严重的未成年人，坚决依法惩治，绝不一味纵容，一体落实“保护、教育、管束”措施，既让涉罪未成年人感受法治威严，也警示教育社会。

2023年1月至11月，全国检察机关

起诉涉严重刑事犯罪未成年人3.4万余人，同比上升43.6%。

作出附条件不起诉决定2.7万余人，

同比上升23.2%。

小智（化名）将他的大学录取通知书拿给河北省曲阳县检察院检察官看。2021年9月，小智一时冲动伙同他人将被害人打伤，由于案情轻微，检察机关依法对其作出附条件不起诉决定。

不论是依法严肃追究还是宽缓处理，检察机关都坚持把精准帮教贯穿办案始终，会同相关部门完善犯罪记录封存制度，积极开展诉前观护帮教、不起诉跟踪帮教，用心用情感化挽救涉罪未成年人，助力“浪子回头”。

延伸 什么是未成年人犯罪记录封存？

刑事诉讼法第二百八十六条规定：犯罪的时候不满十八周岁，被判处五年有期徒刑以下刑罚的，应当对相关犯罪记录予以封存。犯罪记录被封存的，不得向任何单位和个人提供，但司法机关为办案需要或者有关单位根据国家规定进行查询的除外。依法进行查询的单位，应当对被封存的犯罪记录的情况予以保密。

案例 改过自新！涉罪少年成了水电工

"检察官阿姨，我今天领到了第一份工资，感谢您给我改过自新的机会，我会好好珍惜的。"近日，小东（化名）特意给湖北省十堰市张湾区检察院检察官发来信息，汇报自己的近况。

2022年1月，17岁的小东因在他人实施盗窃时帮助"望风"，被移送至张湾区检察院审查起诉，而这已经是他第二次参与盗窃。小东父母在他年幼时外出打工，至今下落不明，从小由他的三爷抚养长大，因为家中经济压力大，小东初中毕业后便早早进入社会。

2021年，为了获得生活费，小东在社会青年徐某实施盗窃时帮其"望风"，被法院判处拘役五个月。刑满释放后，小东的三爷对其失望透顶，不再管教他。经济陷入窘境后，在徐某的怂恿下，小东重操旧业，再次被抓获。

"检察官阿姨，我真的是太饿了，没有钱用，才动了歪心思，我以后一定改……"在讯问中，小东真诚认罪悔罪，并在讯问结束后主动删除了手机里徐某等不良社会人员的联系方式，承诺不再与他们交往。

经过不公开听证，张湾区检察院依法对小东作出附条件不起诉决定。为纠正小东的行为习惯，该院将他送到专门矫正学校进行为期6个月的学习，并委托司法社工跟踪帮教2个月，还为其申请了未成年人专项帮教资金。

经过8个月的帮教，小东法律意识增强了，还向检察官表达了想成为一名水电工的意愿。在检察官的帮助下，小东顺利通过水电工从业资格考试，最终找到了工作。

构建以证据为中心的刑事指控体系

刑事诉讼以审判为中心，审判以庭审为中心，庭审以证据为中心。

内蒙古自治区呼和浩特市检察院检察官正在讨论案件证据材料。

案例　证据补侦到位，4名被告人低头认罪

“我自愿认罪认罚，并真诚向社会公众道歉……”经河南省西华县检察院自行补充侦查后提起公诉，一起销售伪劣产品案的4名被告人当庭表示认罪认罚，法院以销售伪劣产品罪分别判处刘某等4人三年至十个月不等有期徒刑，各并处15万元至5万元不等罚金。

2023年1月，西华县公安局接到举报，称有人在辖区销售假酒。公安机关迅速展开侦查，将刘某等人抓获归案。西华县检察院依法介入引导公安机关侦查取证，后以涉嫌销售伪劣产品罪将刘某等人批捕，并追捕另一名犯罪嫌疑人高某。

4月，公安机关将该案移送审查起诉，但4名犯罪嫌疑人均不认罪。经讯问，办案检察官发现，4人不认罪是因为不认可侦查机关认定的犯罪金额。全面审查在案证据后，承办检察官决定启动自行补充侦查程序。

检察院组建办案团队，在两周时间里，调取20余户购酒商户的证言、辨认笔录和购销凭证，从上千条聊天、转账记录中甄选出400余条与该案有关的交易信息，最终厘清了4人参与销售假酒的金额，将最初侦查机关认定的4名犯罪嫌疑人销售金额均为30余万元，变更为各自参与销售金额从10余万元至20余万元不等，准确认定了4人各自的违法所得。

承办检察官结合自行补查的事实和证据，对4人进行释法说理，最终4人都表示认罪认罚，并在辩护律师的见证下签署了认罪认罚具结书。

深化侦查监督与协作配合机制

人民检察院、公安机关进行刑事诉讼，应当坚持分工负责、互相配合、互相制约，以保证准确有效执行法律。公安机关依法负责对刑事案件的侦查、拘留、执行逮捕、预审。人民检察院依法负责检察、批准逮捕、提起公诉，依法对刑事诉讼实行法律监督。

2021年，最高人民检察院、公安部制发《关于健全完善侦查监督与协作配合机制的意见》，全国32个省一级的公安、检察机关均形成相应的工作机制，因地制宜设立侦监协作办公室，目前已实现全覆盖。

湖北省武汉市江汉区检察院侦查监督与协作配合办公室常驻检察官与公安干警沟通案件情况。

2023年6月，最高人民检察院、中国海警局联合印发《关于健全完善侦查监督与协作配合机制的指导意见》。同时，检察机关会同海关陆续设立侦监协作办公室，实现与直属海关缉私局侦监协作办公室全覆盖。

延伸 协作配合：共同做优刑事“大控方”

侦查监督与协作配合机制的建立，是检警共同做优刑事“大控方”，提升刑事案件办理质效的切入点和突破口。

在浙江省金华市婺城区，周某某纠集多名社会闲散人员形成犯罪集团，利用被害人急需资金的心理，以快速放款为诱饵吸引被害人，再以“行规”等名义诱骗被害人以超高利息借款，并使其以实际借款的双倍金额签订空白借款合同。如果被害人归还本息不及时，周某某便指使犯罪集团成员采取喷油漆、贴大字报等方式，逼迫被害人还款。当被害人还款后，周某某便隐瞒实际出借的本金数额以及被害人已偿还部分欠款的事实，向法院提起民事诉讼。

婺城区检警机关充分发挥侦监协作办公室平台作用，启动重大疑难案件听取意见机制，检察机关根据取证情况提出补充侦查建议52条。此后，周某某等9人诈骗、催收非法债务案的侦查工作取得重大突破，犯罪事实从1个罪名16起追加至2个罪名64起，被害人增加36人，追加同案犯8人。

在指控犯罪过程中，检察机关与公安机关目标高度一致。除了协作配合及时解决案件办理中的认定难等问题外，健全双向协同与制约机制亦十分关键。

公安机关对检察工作的促进，同样看得见、摸得着。在一次检警联席会议上，湖南省公安厅反映部分地方检察机关在政法跨部门大数据办案平台应用、地域管辖认定、受理案件及提前介入四个方面存在的具体问题。结合这些问题，湖南省检察院及时作出部署，对规范相关检察工作提出明确要求。

有案不立怎么办？立案监督！

人民检察院认为公安机关对应当立案侦查的案件而不立案侦查的，或者被害人认为公安机关对应当立案侦查的案件而不立案侦查，向人民检察院提出的，人民检察院应当要求公安机关说明不立案的理由。人民检察院认为公安机关不立案理由不能成立的，应当通知公安机关立案，公安机关接到通知后应当立案。

2023年1月至11月，全国检察机关监督公安机关立案7.4万余件。

案例　是交通肇事还是故意杀人？检察机关依法立案监督

2023年2月，某基层检察院检察官发现，公安机关办理的付某某交通肇事行政案件存在刑事犯罪嫌疑，第一时间将立案监督案件线索逐级上报。该院经研判认为付某某涉嫌故意杀人犯罪，遂监督公安机关进行刑事立案侦查，并于当日组成办案组介入案件侦查。同年9月，法院以故意杀人罪追究付某某刑事责任。

追捕! 追诉!

追捕是指人民检察院办理公安机关提请批准逮捕的案件，发现遗漏应当逮捕的犯罪嫌疑人的，应当经检察长批准，要求公安机关提请批准逮捕。公安机关不提请批准逮捕或者说明的不提请批准逮捕的理由不成立的，人民检察院可以直接作出逮捕决定，送达公安机关执行。

追诉是指人民检察院在办理公安机关移送起诉的案件中，发现遗漏罪行或者有依法应当移送起诉的同案犯罪嫌疑人未移送起诉的，应当要求公安机关补充侦查或者补充移送起诉。对于犯罪事实清楚，证据确实、充分的，也可以直接提起公诉。

2023年1月至11月，全国检察机关对审查中发现遗漏犯罪嫌疑人或罪行的，及时启动追加逮捕或追加起诉程序，共追捕1.7万余人，追诉8.2万余人。

报道 追加起诉：一起贪污案背后的自洗钱犯罪

黑龙江省鸡东县检察院在办理郝某贪污案时发现自洗钱犯罪线索，经自行补充侦查依法追加起诉。

2011年至2021年，郝某在某公司工作期间，利用其实际控制的以他人名义成立的服务部、公司，通过出具虚假发票、截留资金等手段，获取违法所得5370余万元。

“有些资金被我转到了我妹夫的卡里，以他的名义入股投资创业公司。”2022年7月，鸡东县检察院依法提前介入该案，讯问笔录中的这句话引起了检察官的注意。

检察机关列出补充侦查意见，建议监察机关对赃款的流向展开调查，并在前期监察机关查明事实的基础上，开展自行补充侦查。经查，2021年10月，郝某为掩饰、隐瞒其贪污所得，向其妹夫账户转账2笔共计544万元，用于投资某创业有限公司（此公司郝某占股64%），涉嫌自洗钱犯罪。

2022年9月，鸡东县检察院在起诉郝某涉嫌贪污罪的基础上，追加起诉其涉嫌洗钱罪。“办案中，我们也一直将追赃挽损作为重点工作。”检察官介绍，从依法提前介入到提起公诉，该院积极提出涉案财产处置意见，追缴包括贪污所得、缴税获得的政策性扶持资金、理财及孳息等赃款，目前已追缴5000万余元。

2023年3月，法院经审理，采纳检察机关指控的犯罪事实、罪名和提出的量刑建议，以贪污罪、洗钱罪判处郝某有期徒刑十六年，并处罚金380万元。郝某不服一审判决，提出上诉，二审维持原判，全部违法所得判决追缴。

提升刑事审判监督的精准度

强化刑事审判监督，是检察机关的重要职责。2023年1月至11月，全国检察机关共提出刑事抗诉6600余件，法院采纳抗诉意见改判和发回重审3900余件，占审结总数的74.6%。

2023年6月，最高人民检察院发布第四十五批指导性案例，这是第一批以刑事抗诉为主题的指导性案例。

案例 改判死刑！最高人民检察院自行补充侦查依法抗诉许燕案

2013年10月，广西壮族自治区防城港市公安机关在一车内查获冰毒、“K粉”若干。经查，该车为许燕在案发前租用。2015年6月，正在吸食毒品的许燕被抓获，现场查获冰毒等毒品。此前，许燕还伙同他人实施了抢劫。

2017年6月，防城港市中级人民法院以运输毒品罪、抢劫罪、非法持有毒品罪，数罪并罚，判处许燕死刑。许燕辩解自己没有运输毒品，并提出上诉。经发回重审，法院作出与原一审相同的判决。许燕不服，再次提出上诉。

2020年5月，广西壮族自治区高级人民法院以有鉴定意见认为涉案车辆高速卡口图像中的驾车人不是许燕为由，撤销一审对许燕运输毒品罪的定罪量刑，以其犯抢劫罪、非法持有毒品罪，决定执行有期徒刑十六年，并处罚金1.8万元。广西壮族自治区检察院认为案件事实清楚，判决确有错误，依法提请最高人民检察院抗诉。

最高人民检察院开展自行补充侦查，调取了相关证据，并委托公安部物证鉴定中心进行鉴定。最高人民检察院经技术性证据审查认为，驾车人不是许燕的鉴定意见缺乏依据。

2022年3月，最高人民检察院向最高人民法院提出抗诉。同年9月，最高人民法院指令广西壮族自治区高级人民法院进行再审。

2023年9月，广西壮族自治区高级人民法院对许燕案作出再审判决，采纳了最高人民检察院提出的许燕运输毒品犯罪事实成立的抗诉意见，撤销原审生效判决，并以运输毒品罪判处许燕死刑，与其所犯抢劫罪、非法持有毒品罪数罪并罚，决定执行死刑，剥夺政治权利终身，并处没收个人全部财产。

维护“大墙内的公平正义”

刑事执行检察是检察机关法律监督体系中的重要一环，被称为法律监督的“最后一公里”。最高人民检察院提出，**“派驻是基础，巡回是利剑，两方面都要加强”**，进一步深化“派驻+巡回”检察机制，推动建立中国特色的刑事执行监督模式。

最高人民检察院出台《关于加强派驻监管场所检察工作的意见》，推进派驻检察人员轮岗交流。推进与监狱、看守所监控和执法信息联网，基本实现联网“全覆盖”。

最高人民检察院组织跨省监狱交叉巡回检察“回头看”，开展被监管人死亡和“减假暂”监督专门巡回检察，督导各省级检察院开展辖区内巡回检察，发现一批职务犯罪案件线索；组织跨省看守所交叉巡回检察，发现一批看守所监管执法问题和检察履职不到位问题。组织各省级检察院研究制定《巡回检察三年工作规划（2023—2025年）》，印发《监狱巡回检察工作指引》和《看守所巡回检察工作指引》。

2023年，最高人民检察院开展跨省看守所交叉巡回检察。

2023年1月至11月，全国检察机关对“减刑、假释、暂予监外执行”不当提出书面纠正意见及检察建议1.6万余件，对刑罚执行和监管活动严重违法情形提出书面纠正意见21.7万余件，对监外执行活动不当向有关单位提出书面纠正意见10.1万余人，对财产刑执行履职不当提出书面纠正意见7.8万余件。

案例 向某假释监督案

2015年，向某因犯故意伤害罪被判处有期徒刑十年六个月，刑期至2025年5月止。2016年，向某被交付山东省聊城监狱执行刑罚。聊城市中级人民法院两次裁定分别对向某减刑九个月，刑期至2023年11月止。

2022年，聊城市检察院对聊城监狱开展机动巡回检察。巡回检察组发现向某既符合减刑条件又符合假释条件，属于可以依法优先适用假释的情形，鉴于监狱已将向某列入了拟提请减刑对象，遂决定启动对向某进行再犯罪危险评估。

聊城市检察院坚持以证据为中心，对原罪基本情况等四个方面多项具体指标进行定性定量分析，评定罪犯是否具有“再犯罪的危险”。

经综合评定向某各项指标，检察机关认为其没有再犯罪的危险，符合假释适用条件，可依法优先适用假释，遂向聊城监狱提出对向某依法提请假释的意见。聊城监狱采纳检察机关的意见，向聊城市中级人民法院提请对向某予以假释。

聊城市中级人民法院依法对向某裁定假释，假释考验期至2023年11月止。向某假释后，按期接受社区矫正监管教育，现已融入正常生活。

社区矫正法律监督

社区矫正作为一种非监禁刑罚执行方式，在促进社会和谐稳定、提高罪犯教育改造质量、有效降低国家刑罚执行成本等方面具有特殊意义。《中华人民共和国社区矫正法》明确了检察机关依法对社区矫正工作实行法律监督。

检察机关依法监督、支持、配合司法行政机关及有关部门规范开展社区矫正活动，切实维护社区矫正对象合法权益，促进社区矫正对象顺利融入社会。

西藏自治区贡嘎县社区矫正检察官办公室成立。

自社区矫正法实施以来，全国检察机关针对社区矫正调查评估、交付执行、监督管理、教育帮扶、解除和终止等执法环节，提出书面纠正意见26万余人，书面监督意见采纳率接近100%。

2023年5月，最高人民检察院部署在黑龙江、江苏、福建、河南、湖南、广西、重庆、四川、甘肃等9个省份开展社区矫正巡回检察试点工作，涉及294个社区矫正机构和2983个司法所。

2023年7月，最高人民检察院召开新闻发布会，通报社区矫正教育管理和法律监督工作情况，发布第三批社区矫正法律监督典型案例。

延伸　推动涉海涉渔社区矫正法律监督

对于涉海涉渔社区矫正对象面临的“出海请假难、监管监督难、教育帮扶难”等问题，最高人民检察院联合司法部，采取实地调查研究、两部门专题会商、联合开展现场交流活动等多种形式，部署全国11个沿海省份检察机关和社区矫正机构，依法开展涉海涉渔社区矫正监管执法和法律监督工作，实现涉海涉渔社区矫正对象“出得去、稳得住、有收入”。

案例 社区矫正对象岳某申请经常性跨市县活动监督案

社区矫正对象岳某系浙江省岱山县渔民。2022年，岳某因犯帮助信息网络犯罪活动罪，被判处有期徒刑一年，缓刑二年，罚金人民币4000元。缓刑考验期自2022年6月至2024年6月。岳某在浙江省岱山县某镇司法所接受社区矫正，期间遵纪守法，服从监管，表现良好。

岳某向岱山县检察院反映，向岱山县社区矫正机构申请经常性跨市县出海捕鱼作业，但未能及时得到明确审批结果，无法在开捕期跟船出海，申请检察机关依法监督。

岱山县检察院受理申请后，开展调查核实工作。经审查认为，岳某所犯罪行较轻、认罪悔罪态度较好，在接受社区矫正期间能严格遵守监督管理规定，再次违法犯罪的风险小；岳某申请出海捕鱼作业确系其正常生活、工作需要，且出海作业期间的监管措施可行，符合申请经常性跨市县活动条件。遂依法向岱山县司法局提出检察建议，建议批准岳某经常性跨市县活动申请，并制定个性化监管方案，做好出海作业期间的动态监督管理。

岱山县司法局依法一次性批准岳某六个月内可经常性跨市县活动。经全程监管和同步监督，岳某在外出捕鱼作业期间自觉接受监管，未出现违规违纪等监管风险，捕鱼结束后顺利返港办理了销假手续。

民事抗诉

民事抗诉是检察机关对民事生效判决、裁定、调解书实行法律监督的一种方式。根据民事诉讼法第二百一十九条第一款规定，最高人民检察院对各级人民法院已经发生法律效力的判决、裁定，上级人民检察院对下级人民法院已经发生法律效力的判决、裁定，发现具有法定应当进行再审的十三种情形，或者发现民事调解书损害国家利益、社会公共利益的，应当提出抗诉。接受抗诉的法院应当在法定期限内作出再审的裁定。

案例 上海检察机关两次抗诉维护法拍房买受人合法权益

2013年，朱某通过上海浦东新区人民法院司法竞拍取得某小区一房屋的所有权，同年9月拿到房产证，但原房主孙某坚决不肯交出房屋。为此，从2014年4月至2018年6月，朱某多次申请强制执行、提起排除妨害之诉等，均“不予受理”“不予支持”“驳回再审申请”，始终未能入住新房。

2018年10月，朱某向上海市检察院第二分院申请监督。2019年3月，上海市检察院向上海市高级人民法院提出抗诉。同年7月，上海市高级人民法院再审后撤销原一、二审裁定，由嘉定区人民法院立案受理。同年11月，嘉定区人民法院审理后判决驳回朱某的诉讼请求。朱某不服，提起上诉。2020年6月，上海市第二中级人民法院维持一审判决。朱某申请再审后，2021年11月，上海市高级人民法院驳回了朱某的再审申请。

2022年6月，上海市检察院依职权再次向上海市高级人民法院提出抗诉。抗诉意见书指出，法院的生效判决违背了民法典相关精神，既有损司法拍卖的公信力，又有违法律规定，应予纠正。同年7月，上海市高级人民法院裁定提审该案。

2023年4月，上海市高级人民法院再审开庭审理该案，检察机关出庭发表抗诉意见。在多方努力之下，朱某与孙某在再审开庭前达成和解，孙某搬离并腾空房屋交付朱某入住使用。同年6月，上海市高级人民法院裁定终结该案。

10年来，朱某历经十多次诉讼仍未能入住拍卖得来的房子。经过上海检察机关两次接续抗诉，推动法院再审，2023年6月，朱某终于成为房子真正的主人。

09 “假官司”，依法严惩！

“虚假诉讼”俗称“假官司”，是指行为人为谋取不法利益，单独或与他人恶意串通，采取伪造证据、虚假陈述等手段，捏造民事案件基本事实，虚构民事纠纷，向人民法院提起民事诉讼，使法院作出错误判决、裁定、调解等，妨害司法秩序，侵害国家利益、社会公共利益或他人合法权益，依照法律应当受处罚的行为。

检察机关依托法律监督职能，着力防范、发现和追究虚假诉讼违法行为，依法审慎开展对虚假仲裁、虚假公证的监督，阻止虚假诉讼向仲裁、公证等非诉程序蔓延。

2023年1月至11月，全国检察机关

共审结涉虚假诉讼民事案件1万余件，

依法纠正8300余件，起诉犯罪700余人。

案例　一场由真借条引发的“假官司”

为挽回个人投资损失，犯罪嫌疑人故意隐瞒借款已还清的事实，持借条原件起诉借款人，将实际已经还款的两家企业拖入了一场持续近7年的“假官司”中。为保护被害人合法权益，江苏省泰州市两级检察机关组成办案组，实行一体化办案，同步推进对案涉虚假诉讼行为的刑事追究与民事监督。

虚假诉讼得到及时纠正，两家企业终于摘掉“老赖”帽子，涉案款物被执行回转，炮制虚假诉讼者也受到了应有惩罚。

“多亏检察院还原了事实真相，帮企业走出困境，否则真不知道怎么办才好。”面对前来回访的检察官，公司的经营者一边感谢，一边满心欢喜地介绍，“如今正是企业大展拳脚的时候，我们新近研发了许多新产品，又在外省开了几家新厂，十余项产品获得了欧盟认证，可以走出国门远销海外了……”

行政抗诉

行政抗诉是检察机关对行政生效判决、裁定、调解书实行法律监督的一种方式。根据行政诉讼法第九十三条第一款规定，最高人民检察院对各级人民法院已经发生法律效力的判决、裁定，上级人民检察院对下级人民法院已经发生法律效力的行政判决、裁定，发现具有法定应当进行再审的八种情形，或发现行政调解书损害国家利益、社会公共利益的，应当提出抗诉。接受抗诉的法院应当在法定期限内作出再审的裁定。

案例 检察抗诉助力行政争议实质性化解

2001年，河南省周口市沈丘县白集镇共村村民张某所承包的部分土地被同村5户村民占有使用。2015年起，经调解和民事诉讼，张某被侵占的土地仍未被归还。2019年8月起，张某分别针对3户村民所办理的“房屋所有权证”提起了房屋行政登记之诉，针对2户村民所办理的“集体土地建设用地使用证”提起了土地行政管理之诉。

周口市两级法院经审理，判决撤销了沈丘县原国土资源局为3户村民颁发的房屋所有权证，但在土地行政管理诉讼中驳回了张某的诉讼请求。

张某不服，2021年5月向周口市检察院申请监督，周口市检察院以“原行政判决认定张某与被诉行政行为无直接法律上的利害关系证据不足”为由，向周口市中级人民法院提出再审检察建议。2022年6月，周口市中级人民法院作出决定，不采纳检察机关的再审检察建议。

2023年4月，经周口市检察院提请抗诉，河南省检察院向河南省高级人民法院依法提出抗诉。2023年6月，河南省高级人民法院采纳检察机关的抗诉意见，指令商水县人民法院审理。再审期间，鉴于集体土地建设用地使用证已于2023年3月被沈丘县自然资源局收回作废，检察机关与法院达成共识，协力做好争议化解工作：案涉土地由张某转包给村内5户村民；对于多年来占用并将继续使用土地的情况，5户村民对张某作出适当的经济补偿。2023年10月，张某以纠纷案外解决为由，向法院申请撤诉。

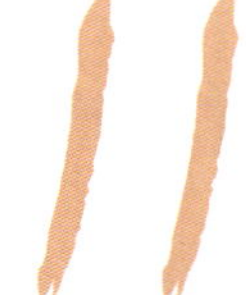

行政争议实质性化解

司法实践中，一些行政诉讼案件程序已结但讼争未解，矛盾累积，当事人不断申诉信访。检察机关综合运用抗诉、检察建议、公开听证、司法救助、释法说理等多种方式，切实开展行政争议实质性化解，力促案结事了政和。

解决好“民告官”纠纷背后的矛盾和争议，需要各部门同心同力、分工协作。检察机关在履行法律监督职责中，针对提出抗诉或再审检察建议涉及的相关行政争议，会同人民法院、行政机关等依法规范推进实质性化解，既坚持依法能动、力促问题解决，又避免大包大揽、超越职权边界。

2023年1月至11月，全国检察机关

促进行政争议实质性化解1.5万余件，

其中，化解争议时间十年以上的700余件。

案例 “网红奶奶”的误解消除了

代某是一名“网红奶奶”，多年来因一直没有看到案涉房产拆迁档案，怀疑前夫在离婚前偷偷转移了财产，遂使用抖音、快手等短视频平台发布举报视频累计1000余条，直播40余次，获赞6.6万个。为查清真相，代某于2022年1月向某住建局申请信息公开遭到拒绝。随后，代某向锦州铁路运输法院提起行政诉讼，请求该住建局进行信息公开，法院判决支持了代某诉讼请求。判决生效后，该住建局未及时向代某公开相关材料，代某向法院申请强制执行。执行过程中，该住建局告知代某其申请的信息由某房屋拆迁公司制作并保存，建议其向该公司咨询或申请，法院据此结案。代某不服，遂向检察机关申请监督。

锦州铁路运输检察院受理该案后，迅速向法院调取卷宗，联系当事人调查核实有关情况。

检察官针对代某的诉求制作案件思维导图，找准促进行政争议实质性化解的方向，同时运用通俗化语言释法说理，纾解代某多年来堆积的激愤情绪。检察官认为，法院生效判决虽已确定行政机关具有公开该信息档案的义务，却未能获得有效执行。为促进行政争议实质性化解，锦州铁路运输检察院多次与该住建局沟通，反复查找代某申请公开的信息，主动协调拆迁公司找寻案涉工程拆迁补偿档案，到住建局档案室查找相关拆迁档案……

经过反复沟通、查找和复核，办案检察官终于找到了代某需要的拆迁档案信息。看完档案后，代某恍然大悟，明白自己多年来以为的前夫隐瞒财产、欺骗自己原来是个误会，当即撤回了监督申请。至此，这起行政争议纠纷终于得到了实质性化解。

行政执法与刑事司法双向衔接

行政执法和刑事司法衔接，也称“两法衔接”，包括正向衔接和反向衔接，是检察机关加强与行政执法机关衔接配合，共同促进严格执法、公正司法，共同推进法治中国建设的重要内容。

2023年7月，最高人民检察院印发《关于推进行刑双向衔接和行政违法行为监督，构建检察监督与行政执法衔接制度的意见》。

正向衔接

问：“犯事”了，都要被送到公安局吗？

答：行政执法机关对涉嫌犯罪案件，应当移送公安机关立案侦查。应当移送而不移送的，检察机关应当建议行政执法机关及时向公安机关移送案件。对于公安机关可能存在应当立案而不立案情形的，应当依法开展立案监督。

案例 骗取医疗保险金，检察机关移送公安机关立案查处

2019年10月，胡某某与党某某在务工期间因琐事发生口角并发生肢体冲突，在撕打过程中党某某将胡某某推倒，致胡某某右侧股骨受伤，经鉴定胡某某的损伤程度为轻伤二级。案发后，党某某赔偿了胡某某全部损失共计2.5万元，并取得了胡某某谅解。

胡某某受伤后，其丈夫王某某在将其送医途中，要求胡某某谎称是自己不慎摔伤，意图骗取医疗保险金，后胡某某隐瞒了致伤实情，并通过此手段骗取医疗保险金7000余元。

2023年5月，湖北省十堰市检察院通过对全市近年来办理的刑事案件被害人信息与医疗保险金报销数据进行大数据比对，发现刑事案件被害人胡某某疑似骗取医疗保险金线索，并第一时间转交该市郧西县检察院办理。

郧西县检察院调阅线索指向的刑事案件卷宗，同时到县医保局调取相关人员报销医保的档案资料，进一步核实案件情况。2023年6月，在查清基本案件事实后，郧西县检察院将相关线索移送县公安局立案查处。

通过公安机关耐心细致的释法说理工作，胡某某和王某某认识到自己行为的错误，主动到医保部门退缴违法报销的医疗保险金7000余元，对涉嫌诈骗的犯罪事实自愿认罪认罚。

反向衔接

问：不起诉就意味着“没事”了吗？

答：不起诉并不意味着不处罚。

根据《中华人民共和国刑事诉讼法》第一百七十七条第三款，对被不起诉人需要给予行政处罚、行政处分或者需要没收其违法所得的，人民检察院应当提出检察意见，移送有关主管机关处理。有关主管机关应当将处理结果及时通知人民检察院。

案例 “不刑”不等于“不罚”

金某和熊某偷走了某大棚内的柑橘，共计640余斤，价值9600余元。两人被抓获后被移送至检察机关审查起诉。金某有多次盗窃前科，案发时因其他盗窃行为正处于监外执行状态，检察机关遂向法院依法提起公诉；而熊某没有前科，到案后如实供述了自己罪行且自愿认罪认罚，赔偿了被害人的损失并取得了谅解，检察机关对其作相对不起诉处理。

那么熊某的盗窃行为是不是不用受到任何处罚？答案是否定的。刑事案件结案后，检察官向公安机关制发了检察意见书。公安机关采纳意见书内容，对熊某作出了行政拘留六日，并处罚款

500元的处罚决定。

为什么要对不起诉案件的行政处罚情况进行监督呢？检察官举例说：“比如同样是盗窃柑橘，有一人盗窃了20斤价值300元的柑橘，虽然不构成犯罪，但因违反了治安管理处罚法，被行政拘留；而另一人盗窃了640斤价值9600元的柑橘，涉嫌盗窃罪，但由于情节轻微被检察机关作不起诉处理后就到此为止了。这样一来，盗窃少的人比盗窃多的人受到了更重的处罚，这明显是不公正的。”

不起诉表示涉案人不需要被判处刑罚，但并不代表不用为自己的违法行为承担责任。

积极探索
行政违法行为检察监督

党的十八届四中全会通过的《中共中央关于全面推进依法治国若干重大问题的决定》要求“深入推进依法行政、加快建设法治政府”。《中共中央关于加强新时代检察机关法律监督工作的意见》进一步明确，检察机关“在履行法律监督职责中发现行政机关违法行使职权或者职务犯罪线索的，移交监察机关处理”。

该项制度是检察机关法律监督与行政机关自行纠错履职相衔接的制度，有利于督促行政机关依法履职，推动依法行政、建设法治政府。

2023年1月至11月，全国检察机关向行政机关提出检察建议2.8万余件，同比上升50%。

新疆维吾尔自治区喀什市检察院向当地行政主管部门送达检察建议。

案例 以能动司法温暖见义勇为者

2021年8月，某市居民丁某某（73岁）发现犯罪嫌疑人程某某用刀攮伤邱某某，挺身而出、主动施救，也被犯罪嫌疑人用刀刺成重伤。同年11月，经某市见义勇为评审委员会审议确认丁某某的行为属见义勇为。犯罪嫌疑人案发后死亡，其没有财产可供赔偿。丁某某受伤后，多次在医院治疗，花费近10万余元。丁某某家属几次向某市医保中心申请报销医疗费用，医保中心因丁某某的伤情是第三人加害且无法向第三人追偿不符合医保报销条件，对其医疗费用未予报销。

某市检察院在开展“全面深化行政检察监督 依法护航民生民利”专项活动中发现该案线索，认为市医保局可能存在履行职责不到位的情形，遂启动行政检察监督程序。检察机关审查认为，根据《关于加强见义勇为人员权益保护的意见》，见义勇为负伤人员，因紧急救治发生的医疗费用，无加害人或责任人以及加害人或责任人逃逸或者无力承担的，应按规定通过基本医疗保障制度解决。本案中，医保局应当落实对丁某某医疗保障措施。遂向某市医保局提出检察建议，建议其健全完善医疗保障制度机制，及时报销本案见义勇为人员医疗费用。

为推动检察建议的落实，检察机关召开公开听证会，听证员一致同意检察建议内容。医保局表示认可，立即研究落实检察建议内容。

检察机关考虑到丁某某年事已高，后续需要多次到医院治疗，仅靠退休工资无力支付养老院费用和治疗费用，在督促医保部门尽快报销医疗费用发放的同时，又帮助丁某某依法申请司法救助金2万元。

检察公益诉讼制度是习近平法治思想在公益保护领域的原创性成果

习近平法治思想引领新时代中国特色社会主义法治建设取得历史性成就、发生历史性变革，在这一伟大历史进程中，检察公益诉讼制度从顶层设计到实践落地、从局部试点到全面推开、从初创开拓到发展完善，成为习近平法治思想在公益保护领域的生动实践和原创性成果。

检察机关依法履行“公共利益代表”职责，检察公益诉讼履职领域不断拓展、制度规范日趋完善，制度运行成效显著，充分彰显习近平法治思想的实践伟力和真理力量。

部分全国人大代表、全国政协委员、特约检察员和民主党派代表视察山东省检察公益诉讼工作。

2014年 “探索建立检察机关提起公益诉讼制度”

——习近平总书记在党的十八届四中全会上作《关于〈中共中央关于全面推进依法治国若干重大问题的决定〉的说明》

2017年 “检察官作为公共利益的代表，肩负着重要责任”

——习近平总书记致第二十二届国际检察官联合会年会暨会员代表大会的贺信

2018年 审议通过设立最高人民检察院公益诉讼检察厅的方案

——中央深改委会议

2019年 “拓展公益诉讼案件范围”

——党的十九届四中全会

2020年 “要继续完善公益诉讼制度，有效维护社会公共利益”

——中央全面依法治国工作会议

2021年 “完善公益诉讼制度”

——十九届中央政治局集体学习

检察机关“是保护国家利益和社会公共利益的重要力量”，要求“积极稳妥推进公益诉讼检察”“总结实践经验，完善相关立法”

——《中共中央关于加强新时代检察机关法律监督工作的意见》

2022年 “加强检察机关法律监督工作”“完善公益诉讼制度”

——党的二十大报告

经过持续探索，检察公益诉讼已逐步成为明显有别于一般民事诉讼、一般行政诉讼的独立诉讼形态。

检察公益诉讼具有**督促性**，实质是履行法律监督本职。检察机关在诉前督促行政机关、侵权主体等依法履职尽责，以更高效率、更低成本争取最佳办案效果。

检察公益诉讼具有**协同性**，不是检察机关“大包大揽”、唱“独角戏”，更不是代行其他部门职权，而是各部门依法各司其职、协同联动的一个制度体系。

检察公益诉讼具有**开放性**，基于公共利益的广泛性和公益保护的全面性，其履职领域不断拓展。

在督促保护斑海豹公益诉讼案中，辽宁省大连市公检法联合处置小组到山东日照沟通协调并完成了首批斑海豹移交工作。

以"诉"的确认 体现司法价值引领

公益诉讼案件中，对于一些诉前检察建议解决不了问题、具有示范引领意义的案件，就**要敢于以"诉"的确认体现司法价值引领**，推动类案治理、诉源治理，促进社会进步。

提起诉讼作为检察公益诉讼监督的"后手"，一方面增强了诉前检察建议的监督刚性；另一方面对于"硬骨头""老大难"案件，能够更有效推动问题整改。

2023年1月至11月，全国检察机关行政公益诉讼

提出诉前检察建议10.9万余件，

98.6%以上的案件在诉前得到解决，

提起公益诉讼1万余件，法院一审裁判支持率99.8%。

案例 以诉的方式保障国有财产安全

某地产集团公司在湖南省某县级市竞得五宗地块的国有建设用地使用权，约定竞买保证金自动转作受让地块的出让金。后某市财政局未依法追回违法支出给置业公司的土地出让收入2.9亿余元。

湖南省检察院开展全省国有土地使用权出让领域公益诉讼专项监督行动时，发现该线索，遂交办至湖南省长沙市检察院。

长沙市检察院向某市财政局发出检察建议，督促其依法履行法定职责，及时追回违法支出的土地出让收入2.9亿余元；向某市人民政府公开送达社会治理检察建议书，建议其强化监督职责和管理力度，治理监管失范问题。

检察建议回复期满，某市财政局未依法全面履职，违法支出的土地出让收入仍未追回。经湖南省检察院批准，长沙市检察院指定长沙市岳麓区检察院起诉。

起诉后，省、市、区三级检察院继续跟进某市财政局追缴进度，最终该笔土地出让收入缴入国库。因诉讼请求全部实现，经岳麓区检察院提交撤回起诉决定书，长沙铁路运输人民法院裁定准予撤诉。

2023年8月，该案入选最高人民检察院第四十六批指导性案例。

公益诉讼法定领域“4+10”

民事诉讼法、行政诉讼法修改时确定了检察公益诉讼的4个领域：生态环境和资源保护、食品药品安全、国有财产保护、国有土地使用权出让。

党的十九届四中全会明确提出“拓展公益诉讼案件范围”，2018年以来，先后有10部法律制定或修改时，对检察机关提起公益诉讼作出规定，检察公益诉讼法定领域拓展到“4+10”，并继续向文物保护等新领域拓展。

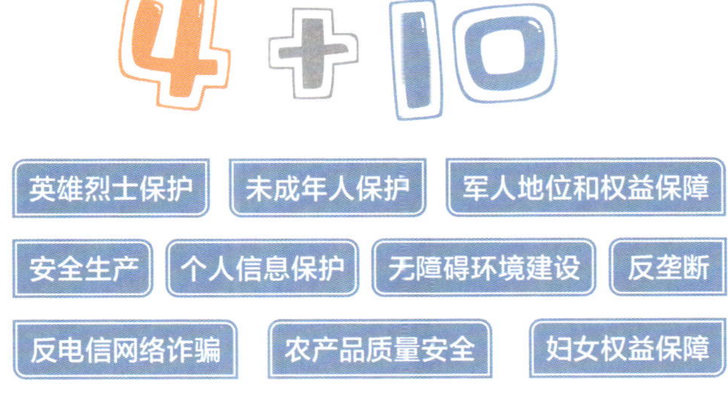

案例 津冀两地检察机关合力破解外来入侵植物互花米草跨区划治理难题

2021年4月初，天津市检察院第三分院在履职中发现天津市滨海新区、河北省沧州市沿海滩涂有成片生长的疑似外来入侵植物互花米草，及时将案件线索移交沧州市检察院，两地分别以行政公益诉讼立案，同步开展调查核实工作。

经鉴定，外来入侵植物为互花米草，在津冀两地分布生长700公顷，严重威胁本土海岸生态系统，影响航道通畅和妨碍泄洪功能。

2022年5月，津冀两地检察机关联合举行线上听证会，听取专家意见，达成治理共识。2022年8月，津冀两地检察机关分别向负有监管职责的相关部门制发检察建议，建议加强协调联动，推进综合整治。目前，天津、河北沧州分别将互花米草治理工作纳入到本地海洋保护修复项目，相关治理工作正在稳步推进中。

检察机关针对外来入侵物种跨区划治理难题，积极探索跨区域工作模式，推动多部门共商共治，形成跨区划公益保护合力。同时，检察机关主动与相关机关沟通，并举行线上听证，广泛听取专家意见，推动制定评估、治理标准，能动履职，推动国家治理体系和治理能力现代化。

检察公益诉讼专门立法

制定检察公益诉讼法，对检察公益诉讼职权运行的实体、程序规则作出明确规定，有利于推动检察机关依法行使职权，促进形成规范高效的权力运行制约体系。

2023年3月，十四届全国人大一次会议收到的271件议案中，建议制定“检察公益诉讼法”的有17件，占全部议案的6.3%；699名代表参与议案的提出，占全体代表的23.5%。全国人大常委会办公厅将“完善公益诉讼制度，推进法治中国建设”列为19项重点督办建议之一。

《十四届全国人大常委会立法规划》把制定“**检察公益诉讼法（公益诉讼法，一并考虑）**”列入一类项目。

2023年9月，中国法学会、全国人大监察和司法委员会、最高人民法院、最高人民检察院联合举办检察公益诉讼立法专题研讨会，部分全国人大代表应邀出席会议。

延伸 将习近平法治思想在公益保护领域的生动实践和原创性成果法治化、制度化

在党中央的决策部署中，“完善公益诉讼制度”始终处于加强对权力运行制约监督的语境之下。党的二十大报告将“完善公益诉讼制度”放在“加强检察机关法律监督工作”之后并列表述，同属“严格公正司法”项下。由此可见，以习近平同志为核心的党中央创设检察公益诉讼制度，其中一个重要考量就是加强对违法行政行为的有效司法监督。制定检察公益诉讼法是完善公益诉讼制度、保护公共利益的内在要求。

实践中，检察公益诉讼起诉案件占到全部公益诉讼起诉案件总数的95%以上，行政公益诉讼案件占到检察公益诉讼案件总数的90%左右。从办案实践看，已形成以检察公益诉讼为主的公益诉讼基本格局。当前，民事诉讼法、行政诉讼法分别只有一个条款，未能更好体现检察公益诉讼职能定位。单行法增设的检察公益诉讼条款多为授权性、原则性规定，也缺乏相应程序性规定。制定检察公益诉讼法符合公益诉讼实践迫切和现实的需求。相较于制定检察公益诉讼法，现阶段制定一部系统完备、规模宏大、囊括各类主体的公益诉讼法难度相对更大。检察公益诉讼法的制定实施将为后续制定统一完备的公益诉讼法打下扎实基础。同时，制定检察公益诉讼法也不排斥其他主体依法提起公益诉讼，可通过衔接性条款设置起到良好促进作用。

制定检察公益诉讼法有广泛社会共识。立法为了人民、依靠人民，要关注和回应人民群众所思所盼所愿。制定一部适应时代发展需要的检察公益诉讼法，是世界法治史上前无古人的**开篇之作**，是具有标杆意义的**法治大事件**。

检察侦查
重在加大力度、务必搞准

检察侦查是法律赋予检察机关的重要职能，是严惩司法腐败、维护司法公正的重要手段，也是加强法律监督的重要保障，重在加大力度、务必搞准。

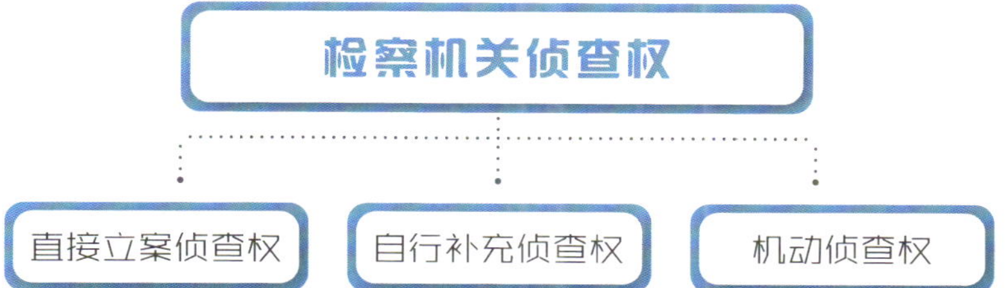

2023年1月至11月，检察机关直接立案侦查

司法工作人员相关职务犯罪案件1800余人，同比上升32.8%。

截至2023年11月底，全国已有17个省级人民检察院专门设立了检察侦查机构，5个省份实现省、市两级检察院全部专设侦查机构。

检察机关直接立案侦查司法工作人员相关职务犯罪14个罪名

1. 非法拘禁罪（非司法工作人员除外）
2. 非法搜查罪（非司法工作人员除外）
3. 刑讯逼供罪
4. 暴力取证罪
5. 虐待被监管人罪
6. 滥用职权罪（非司法工作人员滥用职权侵犯公民权利、损害司法公正的情形除外）
7. 玩忽职守罪（非司法工作人员玩忽职守侵犯公民权利、损害司法公正的情形除外）
8. 徇私枉法罪
9. 民事、行政枉法裁判罪
10. 执行判决、裁定失职罪
11. 执行判决、裁定滥用职权罪
12. 私放在押人员罪
13. 失职致使在押人员脱逃罪
14. 徇私舞弊减刑、假释、暂予监外执行罪

机动侦查

根据《中华人民共和国刑事诉讼法》第十九条第二款规定，对于公安机关管辖的国家机关工作人员利用职权实施的重大犯罪案件，需要由人民检察院直接受理的时候，经**省级以上人民检察院决定**，可以由人民检察院立案侦查。根据该条规定，此类侦查活动的启动条件是认为案件“需要由人民检察院直接受理”。

案例　江苏检察机关首例机动侦查权案件

江苏省常州市钟楼区检察院在办理谢某、王某某等伪造、买卖国家机关证件案件中，发现用于伪造机动车行驶证的大量证芯均来源于某车管所。后经查，2021年7月至2022年1月间，该车管所副所长刘某某在明知他人可能使用空白行驶证证芯，伪造、买卖机动车行驶证的情况下，仍利用职权擅自到车管所仓库，先后8次将4000套空白行驶证芯提给谢某。后谢某通过快递邮寄方式全部出售给王某某，从中获利16万余元。

经江苏省检察院批复同意，2023年8月，常州市检察院开展立案侦查，后指定钟楼区检察院审查起诉。11月10日，钟楼区检察院对刘某某提起公诉。12月，法院以伪造国家机关证件罪判处刘某某有期徒刑三年，缓刑五年，并处罚金人民币1万元。

第四章

——持续锻造忠诚干净担当的新时代检察铁军

以主题教育为契机 加强政治建设

在全党深入开展学习贯彻习近平新时代中国特色社会主义思想主题教育，是党中央作出的重大部署。

主题教育期间，最高人民检察院认真落实“学思想、强党性、重实践、建新功”的总要求，注重做好“结合”的文章，做到主题教育和检察工作两手抓、两促进，把理论学习、调查研究、推动发展、检视整改贯穿始终，努力在以学铸魂、以学增智、以学正风、以学促干方面取得实实在在的成效。

11次全院学习和专题辅导、8次党组集中研讨交流；围绕23项重点调研内容，党组成员领题调研，形成一批有分量的调研成果；明确120项检察为民实事、36项检察改革任务、24个院级整改整治问题、90项建章立制任务，狠抓落实、务求实效……

2023年8月，最高人民检察院召开主题教育评估工作听取意见座谈会，听取全国人大代表、全国政协委员的意见建议。

出台《最高人民检察院干部政治素质考察办法》

2023年8月底，印发《最高人民检察院干部政治素质考察办法》，把政治能力作为实现检察工作现代化的“第一能力”，明确政治素质考察最根本、最核心、最关键的就是考察干部是否坚定拥护“两个确立”、坚决做到“两个维护”。

坚持把政治标准放在首位，以“考实、评准、用好”为导向，围绕“谁来考”“考什么”“怎么考”“结果怎么用”等深入考察甄别干部政治素质。坚持把功夫下在平时，将政治素质考察内嵌到日常管理、平时考核、年度考核、选人用人、专项工作中，融入政治建设、业务建设、班子建设、队伍建设全过程。

让求真务实、担当实干成为新时代新征程检察人员的鲜明履职特征

人民检察事业与国家命运紧密相连。检察事业的辉煌历程是党领导一代代检察人拼出来、干出来、奋斗出来的。对标对表习近平总书记“崇尚实干、狠抓落实”“敢于担当作为”等要求，努力**让求真务实、担当实干成为新时代新征程检察人员的鲜明履职特征**。

2023年12月4日是第十个国家宪法日，最高人民检察院举行新任职入职人员宪法宣誓仪式。

求真务实，就要实事求是、务求实效。把调查研究融入日常、抓在经常、形成习惯。力戒形式主义、官僚主义，严格依法办案、公正司法，强化法律监督主责主业。

担当实干，就要担当作为、狠抓落实。敢于监督、善于监督、勇于开展自我监督，练就过硬本领，确保能担当、会作为，进而善担当、善作为。

行政机关专业人员兼任检察官助理

最高人民检察院制定了《行政机关专业人员兼任检察官助理工作办法（试行）》，明确检察机关可以聘请行政机关专业人员，以特邀检察官助理身份协助检察官办理相关专业领域案件。

特邀检察官助理实行聘期制，聘期一般为一年至二年。聘期内特邀检察官助理履职的具体方式由人民检察院与派出单位协商确定。特邀检察官助理主要参与办理专业性强、需要运用专业知识的检察案件。

特邀检察官助理可以根据履职需要查阅相关案卷材料、工作文件和资料，列席检察官联席会议、出席公开听证会、参与专项活动、接受检察业务培训。特邀检察官助理依法履职受法律保护。

截至2022年12月31日，全国检察机关共聘请2.5万余名行政机关等专业人员兼任检察官助理。

深化检察对口援助

2022年7月，最高人民检察院选派第十批援藏干部；2023年7月，最高人民检察院选派第十一批援疆干部。

2023年，最高人民检察院协调援助省份选派322名业务人员到受援地区帮助工作，组织受援省份选派245名业务人员到对口援助检察院开展岗位锻炼，组织指导全国22个省份检察机关对西藏、新疆和四川、云南、青海、甘肃涉藏地区，以及江西赣州等351个检察院开展对口援助。

广东省检察机关援疆（喀什）工作队走进新疆维吾尔自治区疏附县乌帕尔镇肖塔小学，开展爱心捐赠及法治宣讲活动。

声音 全国人大代表艾尼瓦尔·吐尔逊：对口援疆为受援地区发展稳定提供有力帮助

全国人大代表，新疆喀什地委副书记、行署专员艾尼瓦尔·吐尔逊表示："党的十八大以来，山东、上海、广东、深圳援疆四省市深入贯彻习近平新时代中国特色社会主义思想，完整准确贯彻新时代党的治疆方略，充分发挥援疆优势，聚焦改善民生、脱贫攻坚、提升民智、文化交流等方面，全力助推喀什地区各项事业取得长足发展。"

艾尼瓦尔·吐尔逊代表指出，四省市检察机关充分结合喀什检察机关实际，统筹推进检察业务、干部人才、教育培训、检察文化、信息科技、资金项目"六位一体"援助，有效促进了喀什检察机关法律监督能力和自身发展能力提升。喀什检察机关坚持把受援"输血"与学会"造血"结合起来、把"硬件"建设与"软件"建设结合起来、把支援帮助与自身发展结合起来。通过援助省市选派业务骨干赴喀什检察机关挂职锻炼和业务指导，建立"部室对部室"帮扶联系和业务骨干结对帮扶，互派人员学习交流，"点对点"网络培训，检察文化援疆，构建智慧检务，争取援疆项目及援疆资金等举措，着眼长远推动检察受援工作。

艾尼瓦尔·吐尔逊代表说："在以习近平同志为核心的党中央坚强领导下，在援喀四省市的大力支援下，喀什地区检察工作水平必将大步赶上、快速跟上，为喀什社会稳定和长治久安贡献更大更优的检察力量。"

检察机关的“华山论剑”

最高人民检察院制定《业务竞赛组织管理办法》，举办全国检察机关刑事检察、民事检察、行政检察、公益诉讼检察、未成年人检察等业务竞赛，持之以恒练内功、强队伍。

第八届全国检察机关十佳公诉人暨优秀公诉人业务竞赛

2023年11月，第八届全国检察机关十佳公诉人暨优秀公诉人业务竞赛决赛在国家检察官学院举行。

2023年11月，第八届全国检察机关十佳公诉人暨优秀公诉人业务竞赛举行。经过办案质效考评、刑事检察策论、刑事检察业务笔试、刑事检察业务答辩、模拟法庭论辩和决赛6个环节的比拼，任婕、黄洁梅、王岭、李佑琪、高彦锋、南俏俏、孔涵、谢晶晶、从鑫莎、宋凯荣获“全国十佳公诉人”称号，许蕾等10名检察官荣获“全国十佳公诉人”提名，林晓萌等50名检察官获“全国优秀公诉人”称号。

第一届全国检察机关民事检察业务竞赛

2023年6月，第一届全国检察机关民事检察业务竞赛举行。经过笔试、文书制作、现场汇报答辩等多个环节，龙潭等10位选手被评为“第一届全国检察机关民事检察业务竞赛标兵”，段芙笑等40位选手被评为“第一届全国检察机关民事检察业务竞赛能手”，河北省检察院等5个单位荣获“第一届全国检察机关民事检察业务竞赛优秀组织奖”。

入围第一届全国检察机关民事检察业务竞赛决赛的选手进行抽签，决定出场顺序。

第一届全国检察机关行政检察业务竞赛

2023年5月，第一届全国检察机关行政检察业务竞赛举行。经过初赛、复赛、决赛三个阶段，行政检察业务知识测评、法律文书制作、模拟公开听证、发表出庭意见等环节，张玲等10位选手荣获“第一届全国检察机关行政检察业务竞赛全国行政检察业务标兵”，任劲超等40位选手荣获“第一届全国检察机关行政检察业务竞赛全国行政检察业务能手”，江苏省检察院等5个单位荣获“第一届全国检察机关行政检察业务竞赛优秀组织奖”。

第一届全国检察机关行政检察业务竞赛初赛考试长达10个小时，有的参赛选手还自备了风油精、咖啡等物品提神醒脑。

第一届全国检察机关公益诉讼检察业务竞赛

2023年5月，第一届全国检察机关公益诉讼检察业务竞赛举行。经过案例分析和文书制作、案件汇报和业务答辩、模拟法庭辩论等环节，莫斯敏等10位选手被评为“第一届全国检察机关公益诉讼检察业务标兵”，丁旖等40位选手被评为“第一届全国检察机关公益诉讼检察业务能手”，吉林省检察院等5个单位荣获“第一届全国检察机关公益诉讼检察业务竞赛优秀组织奖”。

第一届全国检察机关公益诉讼检察业务竞赛参赛选手在打卡点合影。

第三届全国检察机关未成年人检察业务竞赛

2023年4月，第三届全国检察机关未成年人检察业务竞赛举行。经过业务笔试、以案释法与业务答辩、策论写作以及法治宣讲等环节，方芸等10位选手被评为“第三届全国检察机关未成年人检察业务竞赛标兵”，张海亮等40位选手被评为“第三届全国检察机关未成年人检察业务竞赛能手”，浙江省检察院等5个单位荣获“第三届全国检察机关未成年人检察业务竞赛优秀组织奖”。

第三届全国检察机关未成年人检察业务竞赛笔试现场，参赛选手准备了丰富的参考资料。

全国检察业务专家

全国检察业务专家是经最高人民检察院评定的，具有坚定政治立场、过硬履职能力、丰富实践经验、深厚理论造诣、良好职业声誉，在全国检察系统、业务条线有较高公认度和较大影响力的检察官。

2006年至2016年，最高人民检察院先后组织评选四批324名全国检察业务专家。2023年，最高人民检察院评选出第五批49名全国检察业务专家。这是“四大检察”法律监督格局形成以来的首次评选。

第五批检察业务专家结构显著优化

40岁以下，占比14.3%

51–55岁，占比16.3%

41–50岁，占比69.4%

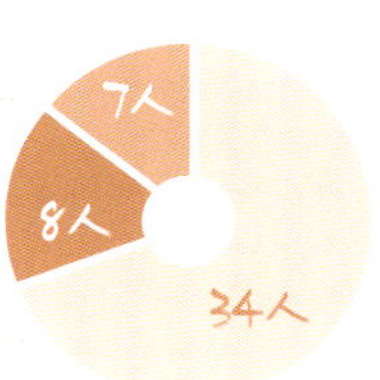

平均年龄45.6岁

年龄最大者55岁

年龄最小者35岁

学士占比8.2%

硕士占比26.5%

博士占比65.3%

博士、硕士比例远高于前四批

检察实务专家进校园

为进一步落实《关于加强新时代法学教育和法学理论研究的意见》，最高人民检察院从业务部门厅级干部、资深检察官以及全国检察业务专家、全国检察教育培训精品课程讲师中择优选派精通检察实务的教师，通过“菜单式”选学，到高校讲授检察实务，检校共同深化习近平法治思想的宣传与研究。

最高人民检察院确定106名检察师资和180门实务课程作为首批进校园的检察实务专家和检察实务课程，并与中国人民大学、中国政法大学、中央民族大学、华东政法大学、南京大学、浙江大学、厦门大学、中南财经政法大学、西南政法大学、西北政法大学等10所高校达成“检察实务专家进校园”合作。

截至2023年11月底，检察实务课程已向3000余名学生授课，得到了高校师生的一致好评。

榜样的力量

2023年12月，全国检察机关队伍建设工作会议暨第十次“双先”表彰大会在京召开，中共中央政治局委员、中央政法委书记陈文清出席会议并讲话。

2023年12月，全国检察机关队伍建设工作会议暨第十次“双先”表彰大会在京召开。中共中央政治局委员、中央政法委书记陈文清出席会议并讲话，在会前接见受表彰代表。应勇主持会议并强调，要坚持以习近平新时代中国特色社会主义思想为指导，深入贯彻习近平法治思想和习近平总书记关于政法队伍建设的重要论述精神，牢牢把握检察队伍建设的根本要求，一体加强党的政治建设、领导班子建设、人才队伍建设、专业能力建设、职业保障建设和纪律作风建设，持续锻造忠诚干净担当的检察铁军，努力以检察队伍建设新成效奋力推动检察事业开创新局面，为强国建设、民族复兴贡献更大检察力量。

检察英模

2023年7月，最高人民检察院以“学思践悟习近平法治思想、推动检察工作高质量发展”为主题，举办新时代检察英模先进事迹报告会。

章春燕、黄威、张瑜、凡俊、马玮玮等5名来自一线的检察英模生动讲述学思践悟习近平法治思想、高质效履行检察职责的先进事迹，示范引领全国检察人员善思善用党的创新理论，求真务实，担当实干，以饱满精神状态推进新时代新征程检察工作高质量发展。

2023年7月，最高人民检察院举办新时代检察英模先进事迹报告会。报告会开始前，应勇与中央第二十二指导组组长许又声等接见报告团成员。

章春燕

满树繁华，你是心之所往

党的二十大代表、全国模范检察官、
浙江省湖州市检察院第六检察部主任

黄　威

以赤子之心书写公平正义

福建省优秀共产党员、
福建省厦门市检察院第一检察部主任

张　瑜

追逐光，成为光

全国“人民满意的公务员”、
广东省广州市检察院第三检察部检察官助理

凡　俊

把忠诚为民写在“窗口”服务上

全国“人民满意的公务员”、
最高人民检察院第十检察厅12309检察服务中心主任

马玮玮

永怀赤诚之心

2023 年度法治人物、全国模范检察官、
上海市静安区检察院副检察长

曹艳群同志先进事迹

曹艳群同志是中国共产党党员，生前任广西壮族自治区资源县检察院检察委员会委员、第一检察部副主任、一级检察官。2021年12月15日，因过度劳累突发心源性疾病，经抢救无效因公殉职，年仅36岁。

从检13年来，曹艳群同志始终扎根桂北偏远山区检察办案一线，以理想信念坚定、对党绝对忠诚的政治品格，恪守法治信仰、维护司法公正的职业本色，为党和人民的检察事业奋斗到生命最后一刻。

为表彰先进，激励广大检察人员坚定信心、同心同德，埋头苦干、勇毅前行，人力资源社会保障部、最高人民检察院决定，追授曹艳群同志“全国模范检察官”称号。

政治与业务融为一体的检察教育培训

2023年，检察机关以修订后的《干部教育培训工作条例》和《全国干部教育培训规划（2023-2027年）》为指导，聚焦提升检察人员政治素质、业务素质、职业道德素质，制定《全国检察教育培训规划（2023-2027年）》。

学习贯彻党的二十大精神政治轮训

坚持把学习宣传贯彻党的二十大精神作为首要政治任务，组织开展检察人员政治轮训。2023年全年，对最高人民检察院机关519名厅处级干部、110名青年干部分4期进行集中培训；举办6期省级检察院班子成员、市县级检察长专题研修班和14期检察人员网络培训，培训54万余人次。

区域联合培训

指导协调京津冀、六省自贸区、西南四省市、长三角等区域检察机关开展联合培训。

2023年9月，最高人民检察院举办重罪案件证据问题公检法同堂培训班，来自全国检察机关重罪检察条线的80名业务骨干和40名公安、法院人员参加培训。

同堂培训

推动检察官与法官、警察、律师等同堂培训，促进形成共同法治理念。2023年共组织同堂培训18期，培训人数3000余人次。

专题培训

共组织专题培训175期，培训2.4万余人次；开展中国检察教育培训网络学院网络培训24期，覆盖70万余人次。

跨越山河的巡讲支教

2023年8月，第十五期全国检察教育培训讲师团25名成员赴西藏、甘肃、青海、新疆、新疆生产建设兵团等西部检察机关开展巡讲支教。

2023年9月，第十五期全国检察教育培训讲师团来到西藏自治区拉萨市第三小学开展法治进校园活动。

授课老师们边教学、边调研，讲理念、讲方法、讲案例，既对过往遇到的问题答疑解惑，又对正在办理的疑难案件进行指导把关。

第十五期全国检察教育培训讲师团西部巡讲支教青海组讲师团成员与学员进行案件讨论答疑。

本次巡讲过程中，除了当地检察机关人员参加，还邀请公安机关、法院干警进行同堂培训。

除了讲师团，还有后援团，巡讲团努力促成“云结对”：新疆生产建设兵团检察院第一师分院、第五师分院、第十二师分院分别与浙江省杭州市检察院、山东省东营市检察院、四川省成都市检察院的未成年人检察部门结对子，构筑起帮扶、共建长效机制；新疆昌吉回族自治州检察院与福建省福州市检察院未成年人检察部门共建，实现东西检察资源共享。

“基层”与“最高”双向奔赴

2023年8月，经过层层优选，来自地方检察机关的首批20名现任或曾任基层院检察长的年轻干部来到最高人民检察院挂职锻炼。这是近年来首次辐射全国检察系统、面向基层院年轻检察长的重要安排。

2023年11月，最高人民检察院召开座谈会，10名挂职锻炼干部畅谈认识和体会、收获和不足、思考和打算，并对高质效监督办案、加强检察人才队伍建设、推进检察工作现代化等提出意见建议。

同时，最高人民检察院选派28名缺少基层工作经历的年轻干部同志到基层检察机关挂职锻炼，形成从基层到“最高”、从“最高”到基层的双向奔赴。

最高人民检察院召开挂职锻炼干部座谈会。

新一届最高检党组首轮巡视

巡视是推进党的自我革命、全面从严治党的战略性制度安排。最高人民检察院全面落实二十届中央纪委二次全会精神，研究制定《中共最高人民检察院党组巡视工作规划(2023—2027年)》，明确今后五年巡视工作的总体思路、目标任务、主要举措，推动巡视工作向深拓展、向专发力。

2023年10月至12月，最高人民检察院开展党的二十大后首轮巡视，对陕西、湖北、湖南、安徽、云南、广西等6个省级检察院党组进行常规巡视。12月中旬，最高人民检察院巡视工作领导小组听取巡视情况报告，研究部署做好巡视反馈、整改及下一轮系统内巡视工作。

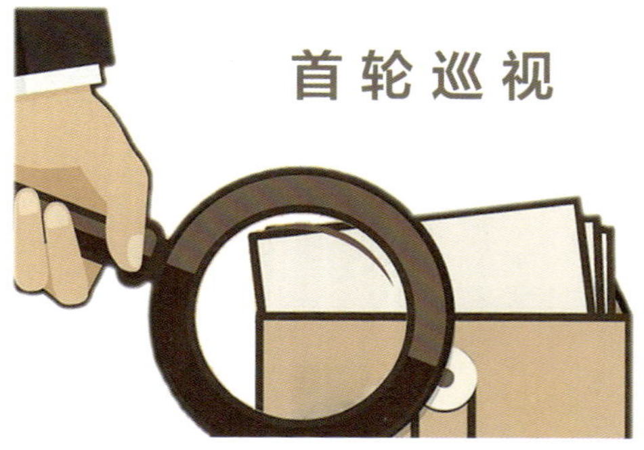

铁规禁令越往后越严

2015年，中办、国办印发《领导干部干预司法活动、插手具体案件处理的记录、通报和责任追究规定》，中央政法委印发《司法机关内部人员过问案件的记录和责任追究规定》，“两高三部”联合印发《关于进一步规范司法人员与当事人、律师、特殊关系人、中介组织接触交往行为的若干规定》，简称为防止干预司法“三个规定”。

“三个规定”是从源头上防止“关系案”“人情案”“金钱案”的治本之策，要坚持铁规禁令越往后越严。坚持“有问必录”“逢案必倒查”“有责必追究”，扎实开展记录报告内容核查，有效筑牢廉洁自律“防火墙”。

2023年1月至11月，检察人员共记录报告有关事项23.5万余件，同比上升50.6%，抵制请托说情，记录报告更加自觉。

从记录报告情况看，绝大多数是了解案件进展、陈述案情、反映情况、督促加快办理，违规过问或干预插手检察办案的为极少数。

第五章

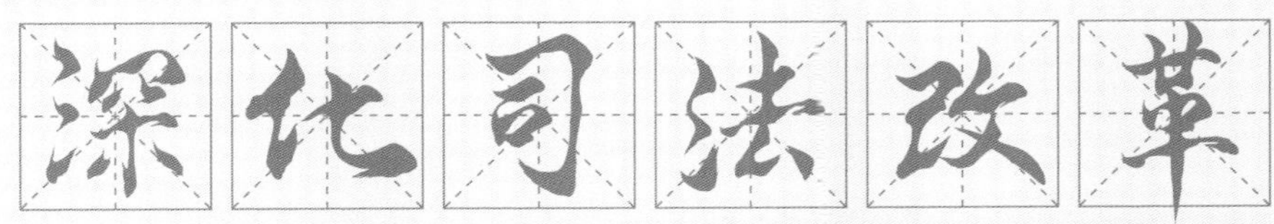

——深入推进检察工作机制现代化

检察改革“施工图”

最高人民检察院印发**《2023—2027年检察改革工作规划》**，部署了“六大体系”36项改革任务，加快推进检察工作现代化，加快建设公正高效权威的中国特色社会主义检察制度，更好服务保障在法治轨道上全面建设社会主义现代化国家。

“六大体系”36 项改革任务

完善坚持党对检察工作绝对领导的制度体系，切实把党的领导贯穿检察工作全过程各方面

- 健全学思践悟习近平法治思想常态化机制
- 健全检察机关向同级党委请示报告制度
- 完善法律监督与党内监督等衔接机制
- 健全检察机关上下级领导机制
- 创新检学研共建机制

健全检察机关能动服务大局制度体系，充分运用法治力量服务中国式现代化

- 健全检察环节维护国家安全和社会稳定机制
- 健全服务保障经济高质量发展工作机制
- 完善服务防范化解金融风险工作机制
- 加强服务创新驱动发展机制建设
- 深化检察环节诉源治理改革
- 健全检察环节信访工作法治化机制
- 健全涉外检察工作机制

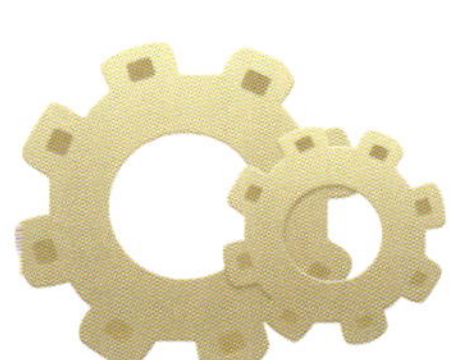

全面构建检察机关法律监督现代化制度体系，强化对执法司法活动的制约监督

- 协同推进以审判为中心的刑事诉讼制度改革
- 完善准确适用宽严相济刑事政策机制
- 深化落实认罪认罚从宽制度
- 健全强化对刑事立案、侦查和审判活动的监督机制
- 健全检察机关侦查工作专门化机制
- 健全职务犯罪检察工作机制
- 健全对刑事执行的监督机制
- 完善民事诉讼监督机制
- 健全行政诉讼监督机制
- 完善检察公益诉讼制度
- 完善未成年人检察制度
- 健全保障法律统一适用工作机制

完善检察机关司法体制综合配套改革制度体系，全面准确落实司法责任制

· 优化检察人员管理制度
· 完善司法办案权责配置
· 完善司法责任认定和追究机制
· 完善内部制约监督制度
· 完善检察人员权益保障制度

构建现代化检察管理制度体系，推动检察权规范、高效、廉洁运行

· 优化检察案件管理机制
· 优化检察机关专业化布局和组织机构体系、职能体系
· 完善检察机关经费保障机制
· 深化检务公开和检察宣传

健全数字检察制度体系，提升新时代法律监督质效

· 建立健全数字检察工作机制
· 加强数据整合和技术支撑
· 推进数字检察深度应用

给检察权运行“加把锁”

检察机关是法律监督机关，敢于监督、善于监督是本职，勇于自我监督更要做实，以自身“净”确保自身“硬”。坚持“放权”和“管权”并重、管案与管人结合，围绕刑事案件不捕不诉、民事案件提起抗诉等容易出问题的重点环节，加强程序性约束，健全内外部、上下级制约监督机制，织密织牢“制度笼子”。

统一调用 辖区检察人员办案

人民检察院办理当事人人数众多、案情特别重大复杂的案件，本院办案力量确实难以承担的，上级人民检察院可以统一调用辖区的检察人员办理案件。下级人民检察院可以申请上级人民检察院统一调用辖区的检察人员到本院办理案件。

为进一步完善相关程序，2023年9月制发《最高人民检察院关于上级人民检察院统一调用辖区的检察人员办理案件若干问题的规定》。

上级人民检察院统一调用辖区的检察人员办理案件，包括下列方式：

调用本院检察人员到辖区的下级人民检察院办理案件

调用辖区的下级人民检察院检察人员到本院办理案件

调用辖区的下级人民检察院检察人员到辖区的其他下级人民检察院办理案件

不能让检察官被数据所困、被考核所累

最高人民检察院高度重视对检察业务的评价工作。2020年1月，首次印发《检察机关案件质量主要评价指标》。2023年3月，将主要评价指标从**60项**精简为**46项**。

考评必须统筹好“有质量的数量”和“有数量的质量”，更加注重质量。

14项指标设有通报值

当指标数据达到该数值后，通报指标数据时就不再通报该地该指标的具体数值。此次指标修订后共有14项指标设有通报值。

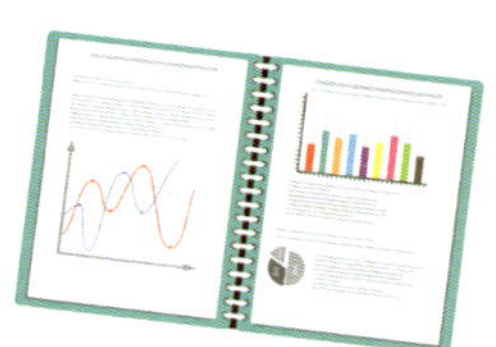

检察机关法律监督与党委政法委执法监督衔接

为进一步把法律监督工作纳入党委工作大局，一些省区市检察机关深入贯彻《中国共产党政法工作条例》，积极探索建立检察机关法律监督与党委政法委执法监督衔接机制，在党委政法委的领导、支持下，既让执法监督更加具体，又让检察机关法律监督更具权威，有力促进法治国家、法治政府、法治社会一体建设。

天津、福建、云南、宁夏、新疆等省区市建立党委政法委执法监督与检察机关法律监督衔接机制，有力保障检察机关依法履职。

“两高”会商与院部会商

为最大限度凝聚推进法治中国建设合力，解决制约司法工作的重点难点堵点问题，最高人民检察院先后与最高人民法院、司法部探索建立工作交流会商机制，每年开展一次面对面交流会商，落实分工负责、互相配合、互相制约的要求，在司法工作重大问题上凝聚共识、共商解决之道。

2023年6月，最高人民法院、最高人民检察院召开“两高”工作交流会商会第一次会议。

“两高”工作交流会商会第一次会议。

会议围绕深化司法体制综合配套改革、共同完善跨区域集中管辖制度、共同深化落实认罪认罚从宽制度、共同推动涉案企业合规改革、共同提升案件办理质效等问题，深入沟通交流，并就强化协作配合、统一法律适用、建立公正高效权威的司法制度等方面达成共识，形成了明确分工、牵头落实的会议纪要。

2023年12月，最高人民检察院、司法部召开工作交流会商会第一次会议。

最高人民检察院、司法部召开工作交流会商会第一次会议。

会议围绕完善“行刑衔接”机制、建立检察公益诉讼立法等重大立法协作配合机制、加强刑事执行监督、深化检律协作等12项工作，广泛交换意见、深入研讨交流，达成一系列共识。

省级检察院、法院、司法行政部门积极跟进，开展工作交流会商，凝聚法治共识，共商解决之道，以高质量履职推动法治中国建设。

检察长列席审委会会议

人民检察院检察长列席同级人民法院审判委员会会议制度，是中国特色社会主义司法制度的重要组成部分，也是检察机关履行法律监督职能的重要方式。

小贴士

《中华人民共和国人民检察院组织法》第二十六条

人民检察院检察长或者检察长委托的副检察长，可以列席同级人民法院审判委员会会议。

列席主体

人民检察院检察长是列席人民法院审判委员会会议的法定主体，检察长因特殊原因不能列席时，可以委托副检察长列席。实践中，相关案件或者议题的承办检察官可以作为检察长或者受检察长委托的副检察长的助手随同前往。

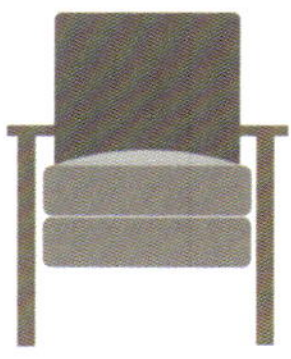

列席任务

对于审判委员会讨论的案件和其他有关议题发表意见，依法履行法律监督职责。

列席案件和议题的范围

主要是可能判处被告人无罪、死刑的公诉案件，人民检察院提出抗诉的案件以及与检察工作有关的议题。

2023年7月、11月，最高人民检察院检察长、首席大检察官应勇两次列席最高人民法院审判委员会会议。

最高人民检察院检察长、首席大检察官应勇依法列席最高人民法院审判委员会会议。

2023年1月至11月，全国各级检察院检察长、受检察长委托的副检察长，共列席人民法院审判委员会会议1.4万余人次。

数字检察战略

数字检察是数字中国在检察机关的具体体现，是指在数字中国建设整体规划下，充分、深度运用大数据，最大限度释放数据要素价值，促进检察办案更加公正、检察管理更加科学、检察服务更加精准。

2023年9月，全国人大代表调研内蒙古自治区数字检察工作情况。

国家互联网信息办公室发布的《数字中国发展报告（2022年）》评价：数字检察广泛应用，为提升履职效能提供有力支撑。

最高人民检察院研究制定《数字检察建设规划》，形成数字检察工作机制。

“业务主导”是前提。数字检察源起于业务实践、服务于业务发展，必须坚持“从业务中来，到业务中去”。

“数据整合”是基础。推进数字检察工作，必须充分利用数据，做实数据的安全、汇聚、整合、管理、应用，让数据“开口说话”。

“技术支撑”是关键。只有实现信息技术与检察业务的深度融合，数字检察工作才有生命力、才有可持续性。

“重在应用”是目的。以数字检察辅助监督办案、优化检务管理、助力检察为民、促进诉源治理。

法律监督模型

法律监督模型是从个案办理或数据异常中发现规律性、共性问题，总结归纳特征要素，并转化为机器可以识别的语言或算法，从多元的海量数据中挖掘类案监督线索的一种模式。模型一般具有原创性、有效性、可行性、可复制性、安全性等特征。

法律监督模型是数字检察的重要突破口。

2023年8月至10月，最高人民检察院组织开展全国检察机关大数据法律监督模型竞赛，各地检察机关共报送参赛模型568个。参赛作品全部是在办案中进行了实际应用并取得成效的应用类监督模型。部分模型已经跨省、跨地区应用，具备较强的可复制、可推广性。经初评、复评和汇报展示，分别评选出一、二、三等奖，共计69个优秀模型。

江苏省常州市钟楼区检察院检察官借助监督模型分析一起非法集资案件线索。

延伸　法律监督模型助力高质效履行检察职责

检察官通过办案发现，一些当事人机动车驾驶证应当吊销而未吊销，仍然持证驾车，有的再次危险驾驶、交通肇事，反映出相关部门违法行使职权或不行使职权，甚至存在渎职犯罪，损害了执法公信力，给道路交通安全带来隐患。如何以高质效履职消除隐患？湖北省检察院构建机动车驾驶证吊销法律监督模型，从检察业务应用系统、“两法衔接”平台、驾驶员及车辆注册管理系统、禁毒信息综合应用系统、道路运输从业人员从业资格管理系统等接入数据，筛查出应当吊销驾驶证未吊销再犯罪并造成重大损失案件的相关承办人渎职犯罪线索。

该模型应用后，截至2023年9月，已推送驾驶证应当吊销未吊销线索3886条、从业资格证应当撤销未撤销线索5731条，其中持证驾车再次违法犯罪线索55条，渎职犯罪线索16条。湖北检察机关开展专项整治行动，针对发现的醉驾案件行政处罚决定书未随案移送、法院判决结果反馈不及时等问题，助推相关单位完善制度机制，推进道路安全全面治理、系统治理和源头治理。

检察技术助力检察工作现代化

最高人民检察院出台《人民检察院技术性证据专门审查工作规定》，加强检察技术协作配合工作机制建设，促进检察技术在检察业务工作中的深度融合和应用。

2023年1月至11月，全国各级检察技术部门共受理委托16.9万余件，受理技术性证据专门审查委托7.7万余件，受理检验鉴定委托6000余件，受理技术协助委托8.5万余件，总体比2022年同期增长14.6%。

四川省松潘县检察院“鹤翔兰萨·守望岷源”公益诉讼团队利用无人机对区域环境污染整改情况开展跟进调查。

第六章

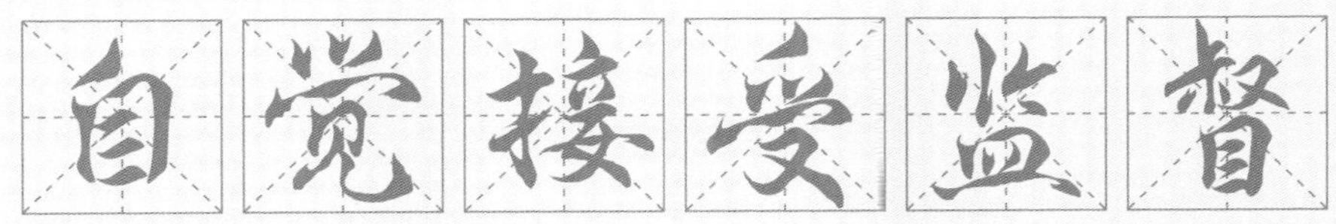

自觉接受监督

——在落实全过程人民民主中自觉接受监督

01 生态环境和资源保护检察工作专项报告

《中华人民共和国各级人民代表大会常务委员会监督法》第八条第一款规定：各级人民代表大会常务委员会每年选择若干关系改革发展稳定大局和群众切身利益、社会普遍关注的重大问题，有计划地安排听取和审议本级人民政府、人民法院和人民检察院的专项工作报告。

2023年10月，第十四届全国人民代表大会常务委员会第六次会议审议最高人民检察院关于人民检察院生态环境和资源保护检察工作情况报告。

全国人大常委会首次就同一领域多项报告同时开展专题询问

2023年10月，十四届全国人大常委会第六次会议举行联组会议，就国务院关于打击生态环境和资源保护领域犯罪工作情况的报告、最高人民法院关于人民法院环境资源审判工作情况的报告、最高人民检察院关于人民检察院生态环境和资源保护检察工作情况的报告进行专题询问。

这是全国人大常委会首次围绕同一主题，对“一府两院”三个报告同时开展专题询问。吴杰明、高友东、吕忠梅、张轩、鲜铁可委员，以及内蒙古自治区人大常委会副主任吴艳刚、全国人大代表邹宁，紧扣生态环境和资源保护领域执法司法工作的关键问题分别提问。

延伸 现场实录

吕忠梅委员：我们的“四大检察”发展不平衡，多检融合、一体履职还不太顺畅，生态环境检察队伍的能力和素质还不太适应新的要求。面对全面建设美丽中国的新形势新要求，请问，人民检察院现在面临的最突出的问题和困难是什么？最高人民检察院打算如何综合发挥“四大检察”的职能优势，来进一步地做好法律监督工作？

全国人大常委会委员吕忠梅在专题询问现场提问。（图片来源：《中国人大》杂志）

应勇用“依法一体履职”“依法综合履职”“依法能动履职”等3个关键词作答，并表示将更好地立足检察履职，通过个案办理、类案整治来发现环境资源保护普遍性问题，进而通过高质量的检察建议，制发指导性案例和典型案例等，促进一类案件甚至一个领域、一个行业、一个区域共性问题的解决，从源头上减少同类案件的反复发生。

办理建议提案

2023年，最高人民检察院共承办建议提案302件。其中，人大代表建议230件，政协委员提案72件。这是新一届代表委员交给检察机关的新“考题”。

2023年4月，最高人民检察院召开全国人大代表建议、全国政协提案交办会。

230件人大代表建议

关于加强法律监督的建议有46件

主要包括推进侦查监督与协作配合机制建设、加大行政执法与刑事司法衔接力度、深化民事诉讼活动监督、加强行政违法行为监督等

关于服务经济社会高质量发展的建议有42件

主要包括营造法治化营商环境、深化涉案企业合规改革、防范化解金融风险、打击民营企业内部腐败、加强知识产权司法保护等

关于维护国家安全和社会稳定的建议有32件

主要包括常态化开展扫黑除恶斗争、加强醉驾综合治理、惩治网络犯罪、落实认罪认罚从宽制度、建立轻罪前科记录封存制度等

关于加强公益诉讼检察工作的建议有45件

主要包括推动公益诉讼专门立法、积极拓展公益诉讼领域、完善公益诉讼工作机制等

关于司法为民、保障民生的建议有37件

主要包括加强未成年人综合保护、保障食品药品安全、维护特殊群体合法权益、加大司法救助力度、促进矛盾纠纷多元化解等

关于加强检察队伍和基层建设的建议有9件

主要包括推进检察院内设机构规范化、完善考核体系、加强基层检察院人才队伍建设等

其他方面的建议有19件

主要包括修订相关法律法规和司法解释、加强涉外法治建设等

2023年4月，最高人民检察院召开全国人大代表建议、全国政协提案交办会，要求各承办部门用心用情高质效办好每一件建议提案，更好支持和保障代表委员依法履职，努力交出让党和人民满意的检察答卷。

各承办部门坚持“办前联系、办中沟通、办后回访”的机制，把沟通联络贯穿办理全过程，了解代表委员关切，与代表委员同向发力、同频共振。主动拓展听取代表委员意见的渠道，采取邀请座谈、共同调研、登门拜访等形式，与代表委员深入沟通交流，认真研究吸纳代表委员的真知灼见，着力推动解决一批各方关注的重点难点问题，以实际行动回应代表委员关切。

看点 代表建议转化成果

买世蕊代表：遏制网络诽谤犯罪

2023年9月，最高人民检察院会同最高人民法院、公安部联合发布一批依法惩治网络暴力违法犯罪的典型案例，出台《关于依法惩治网络暴力违法犯罪的指导意见》，强调检察机关对损害社会公共利益的网络暴力行为可以依法提起公益诉讼。

方燕、冯帆代表：上级人民检察院统一调用辖区的检察官办理案件

最高人民检察院出台《关于上级人民检察院统一调用辖区的检察人员办理案件若干问题的规定》，联合最高人民法院印发《关于上级人民检察院统一调用辖区的检察人员办理案件有关问题的通知》，对相关问题作出明确规定。

杨维刚代表：将算法权力侵权纳入行政公益诉讼

最高人民检察院印发《关于加强新时代检察机关网络法治工作的意见》，提出防止经营者滥用市场支配地位和数据算法优势实施垄断行为，损害社会公共利益。

延伸 重点督办建议

2023年，全国人大常委会办公厅将“完善公益诉讼制度，推进法治中国建设”确定为最高人民检察院重点督办建议选题，交办了12件重点督办建议。其中，6件关于推动公益诉讼专门立法，另外6件涉及食品安全、环境保护等领域公益诉讼配套制度完善。这些建议充分反映了人民群众的热切期盼，也充分体现出人大代表为人民的崇高境界。

重点督办建议是代表从专业所长、优势所在、发展所需出发，在专题调研、座谈走访的基础上形成的高质量建议，对于检察机关贯彻落实党中央决策部署、加强和改进工作，既是非常有力的政治监督，也是十分有益的智力支持。

2023年9月，最高人民检察院召开重点督办建议听取意见座谈会。

纪实 2023年最高人民检察院重点督办建议办理

4月，召开建议提案交办会，将重点督办建议办理工作纳入机关2023年重点督办任务，重点研究、重点落实

5月，邀请30位全国人大代表赴云南开展公益诉讼检察工作专题视察

6月，邀请全国人大代表朱山参加首届全国检察机关公益诉讼检察业务竞赛决赛并作点评

6月，邀请全国人大代表陈爱珠参加湿地保护公益诉讼专题研讨会

7月，邀请全国人大代表夏吾卓玛观摩大型环保公益纪实节目《一路前行》录制

9月，邀请阎建国、黄美媚、李灵、朱山、夏吾卓玛、张莉等6位提出重点督办建议的全国人大代表参加“生态环境公益诉讼检察助力美丽中国建设”检察开放日活动

9月，邀请阎建国、黄美媚、李灵、朱山、夏吾卓玛、陈爱珠、张莉、汤维建、魏琴等9位全国人大代表赴最高人民检察院参加重点督办建议听取意见座谈会，70余位全国人大代表通过平台线上观看会议

9月，邀请曹京宜、印萍、古清月、阎建国、巴莫曲布嫫、李灵、何少花、黄美媚、王足刚、朱山等10位全国人大代表参加检察公益诉讼立法专题研讨会

9月，由最高人民检察院牵头办理的12件重点督办建议全部办理完成

“沉浸式”代表视察

人大代表不仅在人民代表大会上参加审议和表决，提出议案建议，而且在闭会期间通过视察调研，了解民情、反映民意、汇集民智，发现具有共性、普遍性的突出问题，从健全法律制度、完善政策举措的角度提出意见和建议。

2023年，最高人民检察院先后组织6批26个代表团的部分全国人大代表，赴云南、贵州、内蒙古、广西、江苏、浙江视察检察工作。各地检察机关也纷纷开展代表视察活动，让代表“沉浸式”接触、深层次了解检察工作，更好监督检察工作。

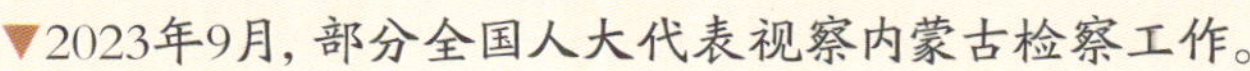

▲2023年5月，部分全国人大代表视察云南检察工作。

▼2023年9月，部分全国人大代表视察内蒙古检察工作。

▲2023年9月，部分全国人大代表视察贵州检察工作。

▼2023年10月，部分全国人大代表视察广西检察工作。

▲2023年10月，部分全国人大代表视察江苏检察工作。

▼2023年10月，部分全国人大代表视察浙江检察工作。

检察开放日

通过邀请人民群众走进检察机关，亲身了解、直接体验和感受检察工作，既深化检务公开，又直接接受人民群众监督。

2023年，最高人民检察院围绕未成年人保护、市场主体平等保护、生态环境保护开展了3次检察开放日活动。其中2次开放日活动以全国四级检察机关联动方式进行。全国检察机关共举办检察开放日活动5200余场，36.5万余人走进检察机关；其中包括440余位全国人大代表、140余位全国政协委员。

2023年7月，最高人民检察院会同全国工商联以“依法平等保护市场主体 着力营造良好法治环境 促进民营经济发展壮大”为主题，举办民营企业家专场的第42次检察开放日活动。应勇、高云龙出席并与参加开放日活动的近30位民营企业家交流座谈。

2023年9月，最高人民检察院以“生态环境公益诉讼检察助力美丽中国建设”为主题，邀请部分全国人大代表、专家学者和“益心为公”志愿者参加第43次检察开放日活动。

延伸 四级联动检察开放日

四级联动检察开放日是指全国四级检察机关围绕同一主题同步举办检察开放日活动。

◀2023年5月30日，最高人民检察院举办以“检爱同行 共护花开”为主题的第41次检察开放日。

►2023年5月31日，陕西省检察院举办“检爱同行 共护花开”主题检察开放日活动。

◀2023年5月30日，广东省河源市检察院举办“检爱同行 共护花开”主题检察开放日活动。

►2023年5月31日，北京市石景山区检察院举办“检爱同行 共护花开”主题检察开放日活动。

特约监督员

特约监督员是最高人民检察院根据工作需要，从**全国人大代表**中选聘的承担监督检察工作、提供专业咨询等职责的专门人员。

经全国人大常委会代表工作委员会批准，2023年8月，最高人民检察院聘任第二届特约监督员95名。特约监督员涉及法律、环保、金融、教育、医疗、互联网等众多专业领域，具有深度专业知识和较强影响力、号召力，是最高人民检察院的“最强外脑”，也是检察工作的“参谋部”“智囊团”“外援队”。

最高人民检察院特约监督员参观最高人民检察院司法鉴定中心。

特约检察员

特约检察员是检察机关聘请的在相关领域具有一定专长的民主党派成员、无党派人士，是检察机关**专门接受民主监督**的重要渠道，须由中央统战部、各民主党派中央推荐并报全国人大常委会备案。最高人民检察院聘请的现任第七届特约检察员共44名。

特约检察员职责

- 对检察业务工作中的专业性问题提供咨询意见
- 对检察机关司法办案和队伍建设情况进行民主监督，收集、反馈包括所在民主党派、单位在内的社会各界的建议、批评和意见
- 经业务部门提出申请并报检察长批准，参与有关案件的研究和讨论以及群众来信来访接待工作，提出咨询论证意见
- 参加最高人民检察院组织的座谈、调研、检查、巡视活动，参与有关案件公开审查，参加相关司法解释及规范性文件和检察工作重大事项的研究讨论
- 宣传社会主义法治和中国特色社会主义检察制度

2023年4月，最高人民检察院组织部分特约检察员赴山东调研公益诉讼检察工作开展情况。特约检察员重点围绕生态环境领域公益诉讼案件办理、推进公益诉讼立法、生态环境修复治理等在济南、泰安、济宁、枣庄等地走访，与基层一线检察官座谈交流、探疑析惑。

◀特约检察员在黄河公园法治教育基地听取工作介绍。

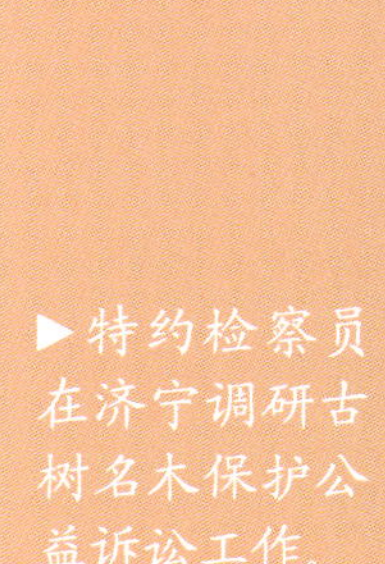

▶特约检察员在济宁调研古树名木保护公益诉讼工作。

人民监督员

人民监督员制度是人民检察院**主动接受社会监督**的一种外部监督制度。

人民检察院组织法第十一条规定："人民检察院应当接受人民群众监督，保障人民群众对人民检察院工作依法享有知情权、参与权和监督权。"第二十七条规定："人民监督员依照规定对人民检察院的办案活动实行监督。"

由人民监督员代表人民群众，以制度化的形式深度参与到检察机关司法办案的各关键环节，既保障了人民群众对检察工作的知情权、参与权和监督权，有利于更好地广纳民意、广聚民智，也有效实现对检察权的外部监督制约，从而解决"谁来监督监督者"的问题，更好地体现人民意志、保障人民权益。

监督的范围

01 案件公开审查、公开听证

02 检察官出庭支持公诉

03 巡回检察

04 检察建议的研究提出、督促落实等相关工作

05 法律文书宣告送达

06 案件质量评查

07 司法规范化检查

08 检察工作情况通报

09 其他相关司法办案工作

10 人民监督员以其他方式提出意见建议

人民监督员与湖北省黄石市检察院检察官共同开展普法活动。

2023年是人民监督员制度创设20周年。

截至2023年11月，全国检察机关共邀请人民监督员60.4万余人，监督检察办案活动40万余件。